Kochen mit Sauerkraut

unipart

Inhalt

Vorwort

„Eben geht mit einem Teller
Witwe Bolte in den Keller,
dass sie von dem Sauerkohle
eine Portion sich hole,
wofür sie besonders schwärmt,
wenn er wieder aufgewärmt."

Diese Verse des bekannten Dichters Wilhelm Busch aus den beliebten Streichen von Max und Moritz zeigen, dass Sauerkraut schon zu Urgroßmutters Zeiten eine beliebte Beilage gewesen ist.

Fragt man im Ausland jemanden nach einem typisch „deutschen" Gericht, wird man immer wieder auch Sauerkraut als Antwort erhalten. Die Deutschen gelten nämlich in vielen Ländern außerhalb ihrer Heimat als begeisterte Sauerkraut-Esser, ob zu Recht oder Unrecht, mag jeder für sich beantworten.

Sauerkraut ist in der Regel kein vollständiges Gericht, sondern als fester Bestandteil der sogenannten „Hausmannskost" eine beliebte Beilage wie etwa zu deftigen Kalbshaxen oder Eisbein. Diese oft schwer im Magen liegenden Fleischgerichte macht erst das beigefügte, verdauungsfördernde Kraut so richtig bekömmlich.

Sauerkraut steht für die „einfache" Mahlzeit, die auch in Notzeiten die Bevölkerung zu ernähren vermag: Es ist preiswert und sättigt, ist dabei wohlschmeckend und rundet Gerichte, die ohne Sauerkraut unvollkommen erscheinen würden, auf unnachahmliche Weise ab.

In früheren Zeiten war das Kraut aus gehobeltem Weißkohl eine wichtige Zutat des traditionellen Silvestermahls, das besonders auf den Bauernhöfen sehr beliebt war: Die Bauersfrauen servierten ihrer Familie und den Angestellten am letzten Abend des Jahres Sauerkraut mit Kartoffel- und Erbsenpüree. Dazu gab es stets eine Riesenpfanne voll gebratener Blutwurst. Mit diesem Gericht wurde dem alten Brauch gefolgt, das Jahr mit dem zu beenden, was Feld, Garten und Haus im nun scheidenden Jahr beschert hatten – eine typische „Hausmannskost" eben.

Noch heute ist der frühere „Bauernschmaus" ein in der Küche vielseitig verwendbares Gemüse-Rezept, das zahlreichen Gerichten einen unverwechselbaren Charakter verleiht. Dies verdankt das Sauerkraut seiner besonderen Art der Haltbarmachung durch Milchsäuregärung. Mit Zutaten und Gewürzen wie Kümmel, Wacholderbeere, Wein und Ananas lässt sich dieser milchsaure Geschmack zusätzlich noch variieren und verfeinern.

Für unser Buch haben wir nicht nur die allseits bekannten Sauerkrautgerichte zusammengetragen, sondern auch viele außergewöhnliche Kreationen. Lassen Sie sich inspirieren und probieren Sie die Rezepte ganz einfach einmal aus. Es ist für jeden Feinschmecker etwas dabei und Sie werden bestimmt viel Lob und Anerkennung für Ihre Kochkunst erhalten.

Wir wünschen Ihnen beim Kochen und Genießen viel Spaß und guten Appetit.

Ihre Redaktion

Rund um´s Sauerkraut

Die Herstellung von Sauerkraut ist heute in den meisten Haushalten leider aus der Mode gekommen. Dies ist sehr schade, denn Sauerkraut ist außerordentlich gesund, egal ob roh oder gekocht zubereitet. Es sollte daher möglichst immer vorrätig sein.

Neben dem Umstand, dass es Sauerkraut mittlerweile nicht nur in Feinkostläden, sondern in fast allen normalen Lebensmittelgeschäften fertig zubereitet zu kaufen gibt, liegt es wohl vor allem an den räumlichen Gegebenheiten, die die eigene Herstellung und Lagerung von Sauerkraut so schwierig gestalten. Denn die meisten Häuser werden heute zentral beheizt und verfügen nicht über die kühlen und oft etwas feuchten Keller von alten, noch mit Öfen beheizten Gebäuden. Sauerkraut muss nämlich kühl aufbewahrt werden, wenn es den ganzen Winter über haltbar und schmackhaft bleiben soll.

Dennoch lohnt es sich besonders für Gartenbesitzer, die im Herbst nach einer guten Ernte häufig vor dem riesigen Kohlüberangebot ihres Gartens stehen, die altbewährte Konservierungsmethode einmal auszuprobieren. Denn bei der Herstellung einer größeren Menge kann man – wie die Witwe Bolte – jederzeit in den Keller gehen, eine passende Portion holen und schnell ein Gericht mit Sauerkraut zubereiten. Schließlich ist Sauerkraut ein sehr vielseitiges Gemüse, das hervorragend zu zahlreichen Fleischspeisen und Eintopfgerichten passt.

Was die Witwe Bolte damals noch nicht wusste, aber die Ernährungswissenschaftler mittlerweile herausgefunden haben: Sauerkraut ist durch die Vergärung der Kohlenhydrate bei seiner Herstellung hervorragend für die Ernährung von Diabetikern geeignet. 100 Gramm Sauerkraut enthalten lediglich 15 Kalorien, was sicher auch diejenigen interessiert, die ihr Gewicht reduzieren müssen und ein paar Pfund abnehmen wollen.

Zusätzlich ist Sauerkraut durch seinen hohen Gehalt an Ballaststoffen außerordentlich sättigend. Weil der Kohl auch ungekocht haltbar gemacht werden kann, bleiben normalerweise alle seine Vitamine und Mineralstoffe erhalten und es entsteht bis zum endgültigen Verbrauch kein nennenswerter Verlust dieser für den menschlichen Organismus so wertvollen Nährstoffe.

Seinen hohen Vitamingehalt machten sich bereits im 17. Jahrhundert zahlreiche Seefahrer zunutze, die bis dahin bei längeren Reisen über die Weltmeere häufig an Mangelerscheinungen litten, von denen die Vitaminmangelkrankheit Skorbut die bekannteste ist.

Der berühmte englische Weltumsegler und Entdecker James Cook soll auf seiner Reise im Jahre 1768 große Fässer voll Sauerkraut mit an Bord genommen und damit seine Schiffsbesatzung erfolgreich vor Skorbut bewahrt haben.

Wie die Ernährungswissenschaftler weiter festgestellt haben, ist Sauerkraut durch seine Ballaststoffe verdauungsfördernd, seine Milchsäurebakterien wirken dazu noch entzündungshemmend und heilend.

Der Genuss von Sauerkraut fördert auch die Neubildung einer gesunden Darmflora nach der Einnahme von Antibiotika.

Alles in allem kann Sauerkraut in seiner Vielfältigkeit der Zubereitungsmöglichkeiten und den damit verbundenen unterschiedlichen Geschmacksrichtungen als eine wohlschmeckende und gleichzeitig nahrhafte Medizin betrachtet werden.
In der heutigen Zeit kann es sich kein Unternehmen der Lebensmittelbranche erlauben, geerntetes und verarbeitetes Gemüse in größerem Umfang verderben zu lassen. Ihr besonderes Augenmerk richtet sich daher auf die Konservierung der „Rohstoffe“. Diese Haltbarmachung kann jedoch leider auch auf Kosten der Produktreinheit gehen: Manche der künstlichen Zusätze sind sicherlich nicht als gesundheitsfördernd zu bezeichnen.

Kritischen Verbrauchern, die nach Alternativen suchen und Wert auf die „Natürlichkeit“ ihrer Nahrungsmittel legen, bietet sich die Möglichkeit, ihr Sauerkraut selbst herzustellen. Diese scheinbare Rückbesinnung auf Altes ist in bäuerlichen Gegenden freilich noch immer „hochmodern“.

Rund um's Sauerkraut

Versuchen Sie sich doch auch einmal in der traditionellen Sauerkrautzubereitung:

Fein geschnitzelter Weißkohl wurde früher in riesigen Holzfässern oder Steinzeugtöpfen unter Zusatz von großen Mengen Salz eingestampft, mit einem passenden Brett abgedeckt und anschließend mit einem dicken Stein beschwert. Darüber band man dann ein sauberes Leinentuch und stellte den Topf einige Tage in der Küche auf. Nach einer Woche brachte man das Ganze in den kühlen Keller und nach ungefähr drei weiteren Wochen war, wenn alles gut ging, das Sauerkraut fertig. So kann man es im Prinzip auch heute noch machen.

Doch was bedeutet genau: „Wenn alles gut geht."? Es besteht die Gefahr, dass zu wenig Salz verwendet wurde und statt mildsaurem Kraut findet man faulig gewordenes vor.

Die Bakterien, welche die Gärung des Krautes hervorrufen können – die Milchsäurebakterien – befinden sich bereits auf der Kohlpflanze, wenn diese noch im Garten steht. Sie entwickeln sich, wenn der Kohl gestampft wird, unter Abgabe von Kohlensäure und Spaltung von Kohlenhydraten sehr schnell. Die lebenden Zellen haben einen Abwehrmechanismus, der die Bakterien an einer Vermehrung hindert.

Geht dieser Vorgang zügig voran, haben die Fäulnisbakterien, die sich in der Luft befinden, keine Chance, sich auszubreiten. Und bei einem ph-Wert unter 3,6 stellen auch die Milchsäurebakterien ihre Vermehrung ein, der Säuerungsprozess wird von selbst beendet und das Sauerkraut ist fertig.

Wenn Sauerkraut auf die beschriebene Weise hergestellt wird, kann sich auf der Lake eine weiße Schicht bilden, die von Hefepilzen herrührt. Das ist weiter nicht schlimm, man schöpft die Schicht einfach ab und alles ist wieder in Ordnung.

Färbt sich diese Schicht allerdings grünlich oder bläulich, handelt es sich wahrscheinlich um Schimmelpilze. Das Sauerkraut ist verdorben und sollte besser weggeworfen werden. Um diese Risiken auszuschließen, hat man früher relativ viel Salz, etwa 6 Prozent, zwischen die Kohlschnitzel gestreut.

Will man mit weniger Salz auskommen, kann man sich sogenannter Starterkulturen bedienen: gezüchtete Milchsäurebakterien, die es in tiefgefrorener Form in Reformhäusern zu kaufen gibt.

Die Anwendung dieser Starterkulturen ist unkompliziert. Sie werden vor Gebrauch in lauwarmem Zuckerwasser eingeweicht und während des Einstampfens nach und nach zwischen die Schnitzel gegeben. Die Gebrauchsanweisung sollte trotzdem aufmerksam durchgelesen werden.

Wenn wir mit verhältnismäßig wenig Salz für die Konservierung auskommen wollen, müssen wir auf eine möglichst hygienische Arbeitsweise achten. Alle Geräte, die mit dem Kohl in Berührung kommen (der Hobel, der das Kraut zerkleinert, das Brett, das den Stein zum Beschweren des gärenden Kohls trägt sowie der Stein selbst) sollten vor dem Gebrauch sterilisiert werden. Dies erreicht man durch etwa zehn bis fünfzehn Minuten langes Auskochen oder Dämpfen.

Wichtig ist auch, dass die Kohlschnitzel sehr fest in das Gärgefäß eingestampft werden, und zwar so lange, bis etwas Flüssigkeit über dem Eingestampften und über dem Brett steht.
Große Weckgläser, etwa Zweilitergläser, eignen sich sehr gut zur Konservierung von Sauerkraut. In ihnen verläuft der gesamte Gärungsprozess unter Luftabschluss.

Um der Kohlensäureentwicklung den nötigen Raum zu schaffen, versieht man das Brett mit einem Abstandhalter von sechs bis acht Zentimetern zum Glasdeckel. Dieser wird mit einem kleinen Bügel festgehalten. Nach ungefähr 24 Stunden wird der Deckel einmal kurz angelüftet, um zu verhindern, dass der steigende Kohlensäuredruck die Lake aus dem Glas presst.

Fertiges Sauerkraut in Dosen zu sterilisieren, hieße, die wichtigen Vitamine und andere gesunde Nährstoffe zu zerkochen. Besser ist es, Sauerkraut im Gefrierschrank aufzubewahren, noch besser, es von Zeit zu Zeit neu zuzubereiten.

Suppen und Eintöpfe

Sauerkrautauflauf mit Kasseler

Für 4 Personen:
600 g gekochtes Kasseler
1–2 EL Butter oder Margarine
2 Zwiebeln
600 g Sauerkraut
1/2 l Gemüsebrühe
Salz, Pfeffer
2 Lorbeerblätter
einige Nelken
einige Pimentkörner
1 Prise Muskat
1 Prise Cayennepfeffer
1 Schuss Weißwein
400 g gegarte Kartoffeln

★ Das Kasseler in Würfel schneiden, die Butter oder Margarine in einer Auflaufform erhitzen und das Kasseler darin kurz anschwitzen. Die Zwiebeln schälen, fein hacken, zum Kasseler geben und kurz mitschwitzen.

★ Das Sauerkraut waschen, gut abtropfen lassen, dazugeben und ebenfalls kurz mitschwitzen.

★ Die Brühe angießen, mit Salz und Pfeffer würzen, die Lorbeerblätter, die Nelken, die Pimentkörner dazugeben, mit Muskat und Cayennepfeffer abrunden.

★ Den Weißwein gleichmäßig auf dem Auflauf verteilen und im auf 180–200 °C vorgeheizten Backofen 15–20 Minuten garen.

★ Die Kartoffeln pellen, in Scheiben schneiden und unter den Auflauf heben.

★ Das Ganze nochmals 10 Minuten garen, abschmecken, den Auflauf herausnehmen, dekorativ anrichten, ausgarnieren und servieren.

Schweinebraten auf Gemüsekraut

Für 4 Personen:
1 kg Schweinenacken
Salz, Pfeffer aus der Mühle
1 TL gemahlener Kümmel
1 EL Paprikapulver, edelsüß
2 Knoblauchzehen
1 TL Salz
2–3 EL Butterschmalz
1/2 l Apfelmost oder Cidre
2 Zwiebeln
4 Karotten
1 Kopf Sellerie
600 g Sauerkraut
4 feinsäuerliche Apfel
1 Prise Nelkenpulver
1–2 EL Butter oder Margarine

★ Das Fleisch unter fließendem Wasser waschen, trockentupfen, mit Salz und Pfeffer kräftig würzen.

★ Das Kümmelpulver und das Paprikapulver vermischen und den Braten damit einreiben, ebenso mit den geschälten und mit Salz zerriebenen Knoblauchzehen.

★ Das Butterschmalz in einem Bräter erhitzen und das Fleisch darin auf beiden Seiten anbraten.

★ Den Braten in dem auf 180–200 °C vorgeheizten Backofen in 70–80 Minuten garen, während der Garzeit mit dem Apfelmost oder dem Cidre ablöschen.

★ In der Zwischenzeit die Zwiebeln, die Karotten und den Sellerie schälen, in Würfel schneiden, 40 Minuten vor Garende mit dem gewaschenen Sauerkraut zum Fleisch geben und mitgaren.

★ Die Äpfel schälen, entkernen, vierteln oder achteln, 10 Minuten vor Garende zum Fleisch geben und mitgaren.

★ Das Nelkenpulver mit der flüssigen Butter oder Margarine vermischen und den Braten damit bestreichen. Die restliche Gewürzbutter unter die Sauce ziehen.

★ Den Schweinebraten in Scheiben schneiden, dekorativ anrichten, ausgarnieren und servieren.

Rote Krautsuppe

FÜR 4 PERSONEN:

- 600 g Rinderbrust
- Salzwasser
- 1 l Gemüsebrühe
- 1–2 Knoblauchzehen
- 1 TL Salz
- 1 Zwiebel
- Gewürzbeutel mit Lorbeerblatt, Nelken, Pfefferkörnern, Pimentkörnern und Wacholderbeeren
- Salz, Pfeffer aus der Mühle
- 1 Prise Cayennepfeffer
- 2 Karotten
- 400 g Rote Bete
- 250 g Sauerkraut
- 1 kleine Dose geschälte Tomaten
- 1 Tasse gemischte, gehackte Kräuter
- 1 Becher Crème fraîche

★ Die Rinderbrust abwaschen, trockentupfen, in mundgerechte Stücke schneiden und im erhitzten Salzwasser 5 Minuten blanchieren. Herausnehmen, abwaschen und gut abtropfen lassen.

★ Die Gemüsebrühe in einem Topf erhitzen und das Fleisch, die geschälten und mit Salz zerriebenen Knoblauchzehen, die geschälte und gehackte Zwiebel sowie den Gewürzbeutel einlegen.

★ Die Brühe zum Kochen bringen, mit Salz, Pfeffer und Cayennepfeffer abschmecken und das Fleisch 75–80 Minuten garen.

★ In der Zwischenzeit die Karotten und die Rote Bete schälen und würfeln.

★ Nach Ende der Garzeit den Gewürzbeutel entfernen, die Karotten, die Rote Bete und das zerpflückte Sauerkraut zum Fleisch geben und nochmals 15 Minuten garen.

★ Zum Schluss die abgetropften, zerkleinerten Tomaten unterheben, die Krautsuppe nochmals abschmecken.

★ Die rote Krautsuppe dekorativ anrichten, mit den gehackten Kräutern bestreuen, je 1 Klacks Crème fraîche in die Mitte setzen, ausgarnieren und servieren.

Sauerkraut-Karotten-Topf

FÜR 4 PERSONEN:

- 1–2 EL Butter oder Margarine
- 1 Zwiebel
- 1 große Dose Sauerkraut
- 4 Karotten
- 1 Schuss Weißwein
- 1/2 l Gemüsebrühe
- 1 Lorbeerblatt
- 1 TL Kümmel
- Salz
- Pfeffer aus der Mühle
- 1 Prise Zucker
- 1 Msp. Korianderpulver
- Instant-Haferflocken zum Binden
- 1 Tasse gemischte, gehackte Kräuter

★ Die Butter oder Margarine in einem Topf erhitzen und die geschälte und fein gehackte Zwiebel darin glasig schwitzen.

★ Das Sauerkraut zerpflücken, zur Zwiebel geben und mitschwitzen. Die Karotten schälen und grob raspeln, unter das Sauerkraut heben und kurz mitschwitzen.

★ Mit dem Weißwein ablöschen, die Gemüsebrühe angießen, das Lorbeerblatt und den Kümmel dazugeben.

★ Das Ganze mit Salz, Pfeffer, Zucker und Korianderpulver kräftig abschmecken und zugedeckt bei mäßiger Hitze 20–30 Minuten garen.

★ Den Sauerkraut-Karotten-Topf nochmals abschmecken, mit Instant-Haferflocken binden, dekorativ anrichten, ausgarnieren und mit den gehackten Kräutern bestreut servieren.

Sauerkraut-Zwiebel-Suppe

Für 4 Personen:
1–2 EL Butter oder Margarine
300 g Zwiebeln
1 kleine Dose Sauerkraut
3/4 l Gemüsebrühe
Kräutersalz
weißer Pfeffer aus der Mühle
1 Prise Kümmelpulver
1 Prise Cayennepfeffer
1 Prise Zucker
1 Tasse gemischte, gehackte Kräuter
4 Scheiben Toastbrot

★ Die Butter oder Margarine in einem Topf erhitzen und die geschälten und in Ringe geschnittenen Zwiebeln darin glasig schwitzen.

★ Das Sauerkraut dazugeben, kurz mitschwitzen, die Gemüsebrühe angießen und das Ganze mit Kräutersalz, Pfeffer, Kümmel, Cayennepfeffer und Zucker kräftig abschmecken.

★ Die Suppe 15–20 Minuten köcheln lassen, erneut kräftig abschmecken, anrichten und mit den gehackten Kräutern bestreuen.

★ Die Toastbrotscheiben toasten, diagonal halbieren und zur Sauerkraut-Zwiebel-Suppe servieren.

Leberknödelsuppe

Für 4 Personen:
1–2 EL Butter oder Margarine
1 Zwiebel
400 g feines Rinderhackfleisch
100 g gemahlene Kalbsleber
1 Bund Petersilie
Salz
Pfeffer aus der Mühle
1 Prise Muskat
1 Prise Cayennepfeffer
Salzwasser
1–2 EL Butter oder Margarine
1 Zwiebel
2 EL klein geschnittenes Suppengemüse
200 g Rote Bete
200 g Sauerkraut
1 l Gemüsebrühe
2 Tomaten
1 Prise Zucker
einige Tropfen Rotweinessig

★ Die Butter oder Margarine in einem Topf erhitzen und die geschälte und fein gehackte Zwiebel darin glasig schwitzen, vom Herd nehmen und erkalten lassen.

★ Das Rinderhackfleisch mit der gemahlenen Kalbsleber in eine Schüssel geben, die Zwiebel sowie die Hälfte der verlesenen, gewaschenen und fein gehackten Petersilie dazugeben und mit Salz, Pfeffer, Muskat und Cayennepfeffer würzen.

★ Zu einem geschmeidigen Teig verarbeiten, kleine Knödel formen und diese im erhitzten Salzwasser 10–15 Minuten garen.

★ Die Butter oder Margarine in einem Topf erhitzen und die geschälte, fein gehackte Zwiebel darin glasig schwitzen.

★ Das Suppengemüse sowie die geschälte und in Würfel geschnittene Rote Bete dazugeben und kurz mitschwitzen.

★ Das zerpflückte Sauerkraut unterheben, mitschwitzen, die Gemüsebrühe angießen und das Gemüse 10–12 Minuten garen.

★ Die Tomaten enthäuten, entkernen, in Würfel schneiden, kurz vor Garende mit den Leberknödeln in die Suppe geben und erhitzen.

★ Die Suppe mit Salz, Pfeffer, Muskat, Cayennepfeffer und Zucker abschmecken, mit Rotweinessig verfeinern und auf 4 Tellern anrichten. Mit der restlichen, gehackten Petersilie bestreuen, ausgarnieren und sofort servieren.

Scharfe Sauerkrautsuppe

Für 4 Personen:

- 2 rote Paprikaschoten
- 1 Peperoni
- 1 große Dose Sauerkraut
- 1–2 EL Butter oder Margarine
- 2 EL Tomatenmark
- 3/4 l Gemüsebrühe
- 400 g Rohsalami
- Salz
- Pfeffer aus der Mühle
- 1 Prise Cayennepfeffer
- 1 EL Paprikapulver, edelsüß
- 1 Bund Schnittlauch

★ Die Paprikaschoten und die Peperoni putzen, halbieren, entkernen, waschen, gut abtropfen lassen und in feine Würfel schneiden. Das Sauerkraut je nach Säure abwaschen und zerpflücken.

★ Die Butter oder Margarine in einem Topf erhitzen und die Paprika- und Peperoniwürfel darin andünsten.

★ Das Sauerkraut unterheben, das Tomatenmark einrühren und die Gemüsebrühe angießen. Bei mittlerer Hitze 15–20 Minuten garen.

★ Die Rohsalami in Würfel oder Streifen schneiden, mit dem Sauerkraut vermischen und erhitzen.

★ Die Sauerkrautsuppe mit Salz, Pfeffer, Cayennepfeffer und Paprika kräftig abschmecken, anrichten, ausgarnieren und mit dem verlesenen, gewaschenen und in Röllchen geschnittenen Schnittlauch bestreut servieren.

Schwäbische Krautsuppe

Für 4 Personen:

- 200 g geräucherter, durchwachsener Speck
- 1–2 EL Butterschmalz
- 1 Zwiebel
- 400 g Weißkohl
- 1 kleine Dose Sauerkraut
- 1 1/2 l Gemüsebrühe
- 1 kleine Dose geschälte Tomaten
- Salz
- Pfeffer aus der Mühle
- 1 Prise Cayennepfeffer
- 1 Prise Zucker
- 1 Prise Kümmelpulver
- 1 EL Paprikapulver, edelsüß
- 1 Becher Sahnedickmilch
- 1 Tasse gemischte, gehackte Kräuter
- 1/2 Becher saure Sahne

★ Den Speck in feine Streifen schneiden. Das Butterschmalz in einem Topf erhitzen und den Speck darin auslassen.

★ Die Zwiebel schälen, fein hacken, zum Speck geben und glasig schwitzen. Den fein gehobelten Weißkohl sowie das zerpflückte Sauerkraut dazugeben und ebenfalls kurz mitschwitzen.

★ Die Gemüsebrühe angießen und das Ganze 20 Minuten köcheln lassen. In der Zwischenzeit die Tomaten abtropfen lassen, in Würfel schneiden oder mit einer Gabel zerdrücken.

★ Nach Ende der Garzeit die Tomaten unterrühren, die Suppe mit Salz, Pfeffer, Cayennepfeffer, Zucker, Kümmelpulver und Paprikapulver abschmecken, die Sahnedickmilch einrühren und erhitzen, aber nicht mehr kochen lassen.

★ Die schwäbische Krautsuppe dekorativ anrichten, mit den gehackten Kräutern bestreuen, mit je 1 Klacks saurer Sahne überziehen und sofort servieren.

Sauerkrautsuppe mit Cabanossi und Schinken

Für 4 Personen:

- 1 Zwiebel
- 1 Knoblauchzehe
- 1–2 EL Butter oder Margarine
- 1 grüne Paprikaschote
- 250 g Sauerkraut
- 1/2 l Gemüsebrühe
- 1 EL Paprikapulver, edelsüß
- 200 g gekochter, magerer Schinken
- 200 g Cabanossi
- Salz
- Pfeffer aus der Mühle
- 1 Prise Cayennepfeffer
- 1 Prise Zucker
- 1 Becher frischer Landrahm
- Kräuterzweige zum Garnieren

★ Die Zwiebel und die Knoblauchzehe schälen und fein hacken. Die Butter oder Margarine in einem Topf erhitzen, die Zwiebel darin glasig schwitzen, den Knoblauch dazugeben und kurz mitschwitzen.

★ Die Paprikaschote halbieren, entkernen, waschen, gut abtropfen lassen, in Streifen schneiden, zu den Zwiebeln geben und mitschwitzen.

★ Das Sauerkraut je nach Säure wässern, gut ausdrücken, zerpflücken, zum Gemüse geben und die Gemüsebrühe angießen.

★ Das Paprikapulver einrühren und das Ganze 20–25 Minuten köcheln lassen.

★ Den Schinken in Würfel und die Cabanossi in Scheiben schneiden, beides unter das Sauerkraut heben und erhitzen.

★ Mit Salz, Pfeffer, Cayennepfeffer und Zucker abschmecken, auf 4 Tellern anrichten, mit je 1 Klacks Landrahm überziehen, mit Kräuterzweigen ausgarnieren und servieren.

Kartoffelsuppe mit Sauerkraut und Debreczinern

Für 4 Personen:

- 1 Zwiebel
- 1 kleine Stange Lauch, 1 Karotte
- 1 Stück Knollensellerie
- 2–3 EL Butter oder Margarine
- 6 geh. EL Instant-Haferflocken
- 1 kleine Dose Sauerkraut
- 1 1/4 l Gemüse- oder Fleischbrühe
- 4 Paar Debrecziner Würstchen
- 500 g gegarte Kartoffeln
- Salz, Pfeffer aus der Mühle
- 1 Prise Muskat
- 1 EL Kümmelpulver
- 1 Prise Cayennepfeffer
- 1 Prise Zucker
- 1 Bund Petersilie

★ Die Zwiebel schälen und in mundgerechte Würfel schneiden.

★ Den Lauch halbieren, putzen, waschen und in Ringe schneiden, die Karotte und den Knollensellerie schälen und in Würfel schneiden.

★ Die Butter oder Margarine in einem Topf erhitzen und das Gemüse darin anschwitzen.

★ Mit Instant-Haferflocken bestreuen, das Sauerkraut dazugeben, mit der Gemüse- oder Fleischbrühe auffüllen und zum Kochen bringen.

★ Die Debrecziner und die gegarten Kartoffeln in Scheiben schneiden, in den Eintopf geben, das Ganze mit Salz, Pfeffer, Muskat, Kümmel, Cayennepfeffer und Zucker abschmecken und bei mäßiger Hitze 15 Minuten köcheln lassen.

★ Nach Ende der Garzeit die Sauerkrautsuppe dekorativ anrichten, mit der verlesenen, gewaschenen und fein gehackten Petersilie bestreuen, ausgarnieren und sofort servieren.

Sauerkraut-Hackfleisch-Topf

Für 4 Personen:

- 2 EL Olivenöl
- 1 Zwiebel
- 2 Knoblauchzehen
- 1 TL Salz
- 200 g Rinderhackfleisch
- Salz, Pfeffer aus der Mühle
- 1/2 TL Currypulver
- je 1/2 TL Thymian, Majoran und Rosmarin
- 1 grüne Paprikaschote
- 1 gelbe Paprikaschote
- 1 rote Paprikaschote
- 2 Karotten
- 500 g Tomaten
- 3/4 l Gemüsebrühe
- 250 g Sauerkraut
- 2 EL Tomatenmark
- 50 g schwarze, entsteinte Oliven
- 1/2 Becher Sahne
- 1 Bund Schnittlauch

★ Das Olivenöl in einem Topf erhitzen und die geschälte und fein gehackte Zwiebel sowie die geschälten und mit Salz zu einer Paste zerriebenen Knoblauchzehen darin glasig schwitzen.

★ Das Rinderhackfleisch dazugeben und unter ständigem Rühren braten. Mit Salz, Pfeffer, Currypulver, Thymian, Majoran und Rosmarin abschmecken.

★ Die Paprikaschoten halbieren, entkernen, waschen und in Streifen schneiden, die Karotten schälen und in Scheiben schneiden. Das Gemüse zum Rinderhackfleisch geben und kurz mitbraten.

★ Die Tomaten enthäuten, entkernen und in Würfel schneiden, mit der Gemüsebrühe zum Hackfleisch geben und das zerpflückte Sauerkraut unterheben.

★ Das Ganze 40 Minuten dünsten. Kurz vor Garende das Tomatenmark einrühren und die halbierten Oliven dazugeben.

★ In der Zwischenzeit die Sahne steif schlagen und je nach Geschmack leicht salzen. Den Sauerkraut-Hackfleisch-Topf dekorativ anrichten, je 1 Klacks Sahne in die Mitte setzen, mit dem in Röllchen geschnittenen Schnittlauch bestreuen, ausgarnieren und servieren.

Süßsaure Kartoffelsuppe

Für 4 Personen:

- 1 Zwiebel
- 1 Bund Suppengemüse
- 250 g Kartoffeln
- 1–2 EL Butter oder Margarine
- 1/2 l Gemüsebrühe
- 100 g Sauerkraut
- 1 kleines Glas Rote Bete
- Salz, Pfeffer aus der Mühle
- 1 Prise Cayennepfeffer
- 1 Prise Kümmelpulver
- 1 Prise Pimentpulver
- 1 Prise Zucker
- 1–2 EL Essig
- 1 Becher saure Sahne
- 1 Bund Schnittlauch

★ Die Zwiebel schälen und fein hacken, das Suppengemüse putzen und in Streifen schneiden, die Kartoffeln schälen und in Würfel schneiden.

★ Die Butter oder Margarine in einem Topf erhitzen, die Zwiebel, das Suppengemüse und die Kartoffeln darin anschwitzen und mit der Gemüsebrühe auffüllen.

★ Das zerpflückte Sauerkraut und die in Würfel oder Streifen geschnittene Rote Bete dazugeben und 15–20 Minuten köcheln lassen.

★ Anschließend mit Salz, Pfeffer, Cayennepfeffer, Kümmelpulver, Pimentpulver und Zucker kräftig würzen und mit Essig säuerlich abschmecken.

★ Zum Schluss die saure Sahne einrühren und das Ganze nochmals erhitzen, aber nicht kochen lassen.

★ Den Schnittlauch verlesen, waschen und in Röllchen schneiden. Die süßsaure Kartoffelsuppe dekorativ anrichten, ausgarnieren und mit den Schnittlauchröllchen bestreut servieren.

Sauerkrautgulasch mit Fleischwurst

Für 4 Personen:
1–2 EL Butter oder Margarine
2 Zwiebeln
2 Knoblauchzehen
1 kleine Dose Sauerkraut
1 grüne Paprikaschote
1 rote Paprikaschote
3/4 l Gemüsebrühe
1 EL Kräuter der Provence
2 EL Paprikapulver, edelsüß
Salz
Pfeffer
1 Prise Zucker
400 g Fleischwurst
500 g gegarte Kartoffeln
1 Dose geschälte Tomaten
1 Becher Sahne
1 Tasse gemischte, gehackte Kräuter

★ Die Butter oder Margarine erhitzen und die geschälten und fein gehackten Zwiebeln sowie die Knoblauchzehen darin glasig schwitzen.

★ Das Sauerkraut unterheben und kurz mitdünsten.

★ Die Paprikaschoten putzen, waschen, in Streifen schneiden, zu den Kartoffeln geben und mitdünsten.

★ Mit der Gemüsebrühe auffüllen, mit Kräutern der Provence und Paprikapulver sowie Salz, Pfeffer und Zucker kräftig würzen.

★ Das Ganze bei mäßiger Hitze 20–25 Minuten köcheln lassen. 10 Minuten vor Garende die in Würfel geschnittene Fleischwurst, die in Scheiben geschnittenen Kartoffeln sowie die geschälten Tomaten dazugeben und mitgaren.

★ Das Kartoffel-Sauerkraut-Gulasch mit der Sahne verfeinern, nochmals abschmecken, dekorativ anrichten, ausgarnieren, mit den gehackten Kräutern bestreuen und servieren.

Szegediner Gulasch

Für 4 Personen:
750 g küchenfertiges Rindergulasch
Salz
Pfeffer aus der Mühle
1–2 EL Butterschmalz
4 Zwiebeln
1–2 EL Paprikapulver, edelsüß
1 kleine Dose Tomatenmark
1 EL Mehl
3/4 l Gemüsebrühe
1 große Dose Sauerkraut
1 Becher saure Sahne

★ Das Rindergulasch abwaschen, trockentupfen und mit Salz und Pfeffer würzen.

★ Das Butterschmalz in einem Topf erhitzen und das Fleisch darin unter ständigem Rühren anbraten.

★ Die Zwiebeln schälen, grob hacken oder in Ringe schneiden, zum Fleisch geben und mitbraten.

★ Das Paprikapulver darüber stäuben, das Tomatenmark unterrühren und kurz rösten, das Mehl darüber sieben und ebenfalls kurz mitrösten.

★ Mehrmals mit etwas Gemüsebrühe ablöschen und immer wieder einreduzieren lassen.

★ Die restliche Gemüsebrühe angießen, zum Kochen bringen und das Gulasch zugedeckt 60 Minuten schmoren lassen.

★ Das Sauerkraut zerpflücken und nach Ende der Garzeit zum Fleisch geben. Weitere 20 Minuten schmoren lassen.

★ Das Gulasch mit Salz und Pfeffer abschmecken, die saure Sahne einrühren und kurz ziehen, aber nicht mehr kochen lassen.

★ Das Szegediner Gulasch dekorativ anrichten, ausgarnieren und servieren.

Bunter Krauttopf

Für 4 Personen:
300 g gemischtes Suppengemüse (Lauch, Sellerie, Karotten, Zwiebeln)
300 g Kartoffeln
1–2 EL Butter oder Margarine
3/4 l Fleisch- oder Gemüsebrühe
1 Lorbeerblatt
einige Wacholderbeeren
einige Pfefferkörner
1 kleine Dose Sauerkraut
Salz
Pfeffer aus der Mühle
400 g Bratenreste
1 Becher Sahnedickmilch
1 Tasse gemischte, gehackte Kräuter

★ Das Suppengemüse putzen, waschen und in mundgerechte Stücke schneiden.

★ Die Kartoffeln schälen, waschen und würfeln.

★ Die Butter oder Margarine in einem Topf erhitzen und das Gemüse sowie die Kartoffeln darin anschwitzen.

★ Die Fleisch- oder Gemüsebrühe angießen, das Lorbeerblatt, die Wacholderbeeren und die Pfefferkörner in einen Gewürzbeutel geben und in die Brühe einlegen.

★ Das Gemüse 15–20 Minuten garen, anschließend das Sauerkraut unterheben, mit Salz und Pfeffer abschmecken und weitere 10 Minuten köcheln lassen.

★ Die Bratenreste in Würfel oder Streifen schneiden und in den Krauttopf geben, die Sahnedickmilch einrühren, erhitzen, aber nicht mehr kochen lassen und nochmals abschmecken.

★ Den bunten Krauttopf dekorativ anrichten, mit den gehackten Kräutern bestreuen, ausgarnieren und servieren.

Sauerkraut aus dem Römertopf

Für 4 Personen:
4 Zwiebeln
500 g Sauerkraut
1–2 EL Butterschmalz
4 Tomaten
4 geräucherte Würste
1/4 l Gemüsebrühe
1/2 Becher Sahne
Salz
Pfeffer aus der Mühle
1 Prise Zucker

★ Die Zwiebeln schälen, fein hacken und mit dem zerpflückten Sauerkraut vermischen.

★ In einen gewässerten Tontopf füllen, das Butterschmalz zerlaufen lassen und darüber gießen, die Tomaten enthäuten, entkernen, in Würfel schneiden und über das Sauerkraut streuen.

★ Zum Schluss die in Scheiben oder Streifen geschnittenen Würste darauf verteilen, die Gemüsebrühe angießen, den Topf verschließen und in den kalten Backofen schieben.

★ Bei 220 °C 75 Minuten schmoren lassen, herausnehmen, alle Zutaten miteinander vermischen, die Sahne einrühren und das Ganze mit Salz, Pfeffer und Zucker würzen.

★ Das Sauerkraut aus dem Römertopf dekorativ anrichten, ausgarnieren und mit Kartoffelklößen servieren.

Bratwurstpfanne mit Sauerkraut

Für 4 Personen:
500 g grobes Bratwurstbrät
2 Knoblauchzehen
1 TL Salz
je 1 TL Majoran, Thymian und Rosmarin
2 Eier
2–3 EL Semmelbrösel
Salz, Pfeffer aus der Mühle
1 Prise Cayennepfeffer
Olivenöl zum Ausfetten
1–2 EL Butter
100 g kalter Braten
2 Zwiebeln
1 Stangen Lauch
300 g Sauerkraut
1 Schuss Weißwein
2–3 EL mittelscharfer Senf
1 Becher saure Sahne
2 Eier
1 Bund Schnittlauch

★ Das Brät in eine Schüssel geben. Die Knoblauchzehen schälen und mit Salz zerreiben. Die Gewürze, die Eier und die Semmelbrösel zur Masse geben und alles miteinander verrühren.

★ Mit Salz, Pfeffer und Cayennepfeffer abschmecken. Eine Pfanne ausfetten und die Masse in die Form streichen.

★ Die Butter erhitzen und den in Würfel geschnittenen kalten Braten darin anbraten, die Zwiebeln würfeln, zum Braten geben und mitschwitzen.

★ Den Lauch in Ringe schneiden, mit dem klein geschnittenen Sauerkraut zu den Zwiebeln geben und kurz dünsten.

★ Mit Weißwein ablöschen, mit Senf, Salz, Pfeffer und Cayennepfeffer abschmecken.

★ Das Sauerkraut auf dem Brät verteilen. Die saure Sahne mit den Eiern vermischen und darüber gießen.

★ Die Eimasse verstreichen und das Ganze im auf 180–200 °C vorgeheizten Backofen 45–50 Minuten garen.

★ Nach Ende der Garzeit die Bratwurstpfanne herausnehmen, anrichten.

★ Mit geschnittenem Schnittlauch bestreuen, ausgarnieren und warm oder kalt servieren.

Kartoffeltopf mit Sauerkraut

Für 4 Personen:
500 g Wurstreste
500 g Kartoffeln, Salzwasser
1 TL Kümmel
2–3 EL Butterschmalz
100 g durchwachsener, geräucherter Speck
2 Zwiebeln, 500 g Sauerkraut
1 Schuss Weißwein
1/4 l Gemüsebrühe
Salz, Pfeffer aus der Mühle
1 Prise Cayennepfeffer
1 Prise Kümmelpulver
1 Prise Muskat
1 Tasse gemischte, gehackte Kräuter

★ Die Wurstreste in mundgerechte Würfel schneiden.

★ Die Kartoffeln im Salzwasser mit dem Kümmel 20–25 Minuten garen, abgießen, pellen und in Würfel oder Scheiben schneiden.

★ Das Butterschmalz in einem Topf erhitzen, den gewürfelten Speck darin auslassen, die Zwiebeln schälen, fein hacken, dazugeben und glasig schwitzen.

★ Das Sauerkraut zerpflücken, unterheben und kurz mitbraten.

★ Mit Weißwein ablöschen, mit der Gemüsebrühe auffüllen und zum Kochen bringen.

★ Mit Salz, Pfeffer, Cayennepfeffer, Kümmel und Muskat kräftig abschmecken.

★ Das Sauerkraut 20 Minuten köcheln lassen, anschließend die Kartoffeln und die Wurstreste unterheben, das Ganze erhitzen und nochmals abschmecken.

★ Den Kartoffeltopf mit Sauerkraut dekorativ anrichten, mit den gehackten Kräutern bestreuen, ausgarnieren und servieren.

Knödel im Traubenkraut

Für 4 Personen:
1–2 EL Butterschmalz
1 Zwiebel
600 g Sauerkraut
1 Schuss Weißwein
2 Tassen Gemüsebrühe
Gewürzbeutel mit Lorbeerblatt, Nelken, Pfefferkörnern und Wacholderbeeren
Salz, Pfeffer aus der Mühle
je 250 g Blutwurst und Leberwurst
2 altbackene, eingeweichte Brötchen
2 Eier, 100 g gekochter Schinken
1 TL Majoran
Semmelbrösel zum Binden
Fett zum Ausbacken
100 g grüne Weintrauben
100 g blaue Weintrauben
Kräuterzweige zum Garnieren

★ Das Schmalz in einem feuerfesten Topf erhitzen, die gehackte Zwiebel darin glasig schwitzen, das zerpflückte Sauerkraut dazugeben und mitschwitzen.

★ Mit dem Weißwein ablöschen, die Brühe angießen, den Gewürzbeutel hineinlegen und mit Salz und Pfeffer kräftig würzen.

★ Das Sauerkraut in dem auf 180–200 °C vorgeheizten Backofen 25–30 Minuten schmoren lassen.

★ Für die Knödel die Blutwurst mit der Leberwurst in eine Schüssel geben, mit den gut ausgedrückten Brötchen, den Eiern und dem in Würfel geschnittenen Schinken zu einem kompakten Teig verarbeiten, mit Salz, Pfeffer und Majoran abschmecken und mit Semmelbröseln binden.

★ Aus der Masse kleine Knödel formen, das Fett in einem Topf erhitzen und die Knödel darin goldgelb ausbacken.

★ Das Sauerkraut aus dem Ofen nehmen, die gewaschenen, halbierten und entkernten Weintrauben unterheben, die Wurstknödel oben auf das Kraut legen und das Ganze für weitere 20 Minuten in den Backofen schieben.

★ Nach Ende der Garzeit das Sauerkraut mit den Wurstknödeln anrichten, mit Kräuterzweigen ausgarnieren und servieren.

Aufläufe und Überbackenes

Überbackene Krautnudeln

Für 4 Personen:

200 g Vollkornnudeln
Salzwasser
1–2 EL Olivenöl
1 Gemüsezwiebel
250 g Kasseler ohne Knochen
500 g Sauerkraut
1–2 EL Butter oder Margarine
2 Becher Dickmilch
2 Eier
Salz
Pfeffer aus der Mühle
1 Prise Cayennepfeffer
1 Prise Muskat
1 Tasse gemischte, gehackte Kräuter

★ Die Vollkornnudeln im Salzwasser mit dem Olivenöl bissfest garen, abgießen, abschrecken und gut abtropfen lassen.

★ Die Gemüsezwiebel schälen und fein hacken, das Kasseler in Würfel schneiden und das Sauerkraut zerpflücken oder klein schneiden.

★ Die Butter oder Margarine in einer feuerfesten Form erhitzen, die Gemüsezwiebel und die Kasselerwürfel darin anschwitzen und das Sauerkraut sowie die Vollkornnudeln unterheben.

★ Die Dickmilch mit den Eiern verquirlen, mit Salz, Pfeffer, Cayennepfeffer und Muskat kräftig abschmecken und die gehackten Kräuter unterheben.

★ Die Krautnudeln mit der Eiermilch überziehen und in dem auf 180–200 °C vorgeheizten Backofen 10 Minuten überbacken, herausnehmen, anrichten, ausgarnieren und servieren.

Bandnudeln mit Sauerkraut

Für 4 Personen:
250 g Bandudeln, Salzwasser
1–2 EL Olivenöl
2–3 EL Butterschmalz
75 g durchwachsener, geräucherter Speck
1 Zwiebel
400 g kalter Braten
400 g bissfest gekochtes Sauerkraut
1 Glas Weißwein
1/8 l Gemüse- oder Fleischbrühe
1 Lorbeerblatt
1 TL Wacholderbeeren
1 TL Pimentkörner, einige Nelken
Salz, Pfeffer aus der Mühle
1 Prise Cayennepfeffer
1 Prise Zucker
Butter- oder Margarineflöckchen
1 Bund Schnittlauch

★ Die Nudeln im Salzwasser mit dem Olivenöl bissfest garen, herausnehmen, unter kaltem Wasser abschrecken, abtropfen lassen und bereitstellen.

★ Das Butterschmalz in einer Auflaufform erhitzen und den in feine Würfel geschnittenen Speck darin auslassen.

★ Die Zwiebel schälen, hacken, zum Speck geben und glasig schwitzen.

★ Den kalten Braten in Würfel schneiden, mit dem zerpflückten Sauerkraut dazugeben und kurz anschwitzen.

★ Den Wein und die Brühe angießen, zum Kochen bringen.

★ Das Lorbeerblatt, die Wacholderbeeren und die Pimentkörner sowie die Nelken dazugeben, mit Salz, Pfeffer, Cayennepfeffer und Zucker abschmecken.

★ Die Butter- oder Margarineflöckchen darauf setzen und den Auflauf im auf 180–200 °C vorgeheizten Backofen 10–15 Minuten backen.

★ Nach Ende der Backzeit die Nudeln herausnehmen, anrichten, ausgarnieren, mit frisch geschnittenem Schnittlauch bestreuen und servieren.

Krautstrudel

Für 4 Personen:
300 g Mehl
1 Prise Salz
1 Prise Muskat
2 Eier
3–4 EL lauwarmes Wasser
2–3 EL Butterschmalz
1 Zwiebel
500 g fertig gegartes Sauerkraut
Salz, Pfeffer aus der Mühle
1 Prise Kümmelpulver
1 Prise Muskat
1/8–1/4 l Gemüse- oder Fleischbrühe

★ Das Mehl auf eine Arbeitsfläche sieben, eine Mulde eindrücken, mit Salz und Muskat bestreuen.

★ Die Eier und das lauwarme Wasser in die Mulde geben und mit bemehlten Händen von außen nach innen zu einem glatten Nudelteig verarbeiten.

★ Den Nudelteig 1/2 Stunde ruhen lassen und auf einer Arbeitsfläche dünn ausrollen.

★ Das Butterschmalz in einem Topf erhitzen, die geschälte und fein gehackte Zwiebel darin glasig schwitzen und das gedünstete Sauerkraut untermischen.

★ Das Sauerkraut durchrühren, mit Salz, Pfeffer, Kümmel und Muskat abschmecken und erkalten lassen.

★ Das Sauerkraut auf dem Nudelteig verteilen und zu einer Rolle zusammendrehen.

★ Das Butterschmalz in einem Bräter erhitzen, den Krautstrudel in das Schmalz setzen und auf beiden Seiten anbraten.

★ Anschließend etwas Gemüsebrühe angießen und in dem auf 180–200 °C vorgeheizten Backofen in 20–25 Minuten garen, herausnehmen, anrichten, ausgarnieren und servieren.

Überbackene Schinkenröllchen

Für 4 Personen:
400 g magerer, gekochter Schinken
1–2 EL mittelscharfer Senf
200 g Sauerkraut
1/4 l Gemüsebrühe
1 Lorbeerblatt
1 Prise Nelkenpulver
einige Pfefferkörner
Salz
Pfeffer aus der Mühle
1 Prise Zucker
200 g fertig gegarte Kartoffeln
Butter oder Margarine für die Form
100 g geriebener Gouda
1 Bund Schnittlauch

★ Die Schinkenscheiben auf eine Arbeitsfläche legen und dünn mit dem Senf bestreichen.

★ Das Sauerkraut je nach Säure waschen, gut abtropfen lassen, mit der Gemüsebrühe, dem Lorbeerblatt, dem Nelkenpulver und den Pfefferkörnern in einen Topf geben.

★ Das Ganze zum Kochen bringen, 15–20 Minuten garen, mit Salz, Pfeffer und Zucker kräftig würzen. Kurz vor Garende die Kartoffeln grob raspeln oder in Würfel schneiden, zum Sauerkraut geben und erhitzen.

★ Die Sauerkraut-Kartoffel-Mischung vom Feuer nehmen, gut abtropfen lassen und gleichmäßig auf den Schinkenscheiben verteilen, anschließend diese zusammenrollen und in eine ausgefettete Auflaufform setzen.

★ Das Ganze mit dem geriebenen Gouda bestreuen und in dem auf 180–200 °C vorgeheizten Ofen 10–15 Minuten backen.

★ Nach Ende der Garzeit die Schinkenröllchen herausnehmen, anrichten, ausgarnieren und mit dem verlesenen, gewaschenen und fein geschnittenen Schnittlauch bestreut servieren.

Sauerkraut-Kartoffel-Gratin

Für 4 Personen:

500 g gegarte Kartoffeln
1–2 EL Butter oder Margarine
1 Gemüsezwiebel
500 g Sauerkraut
1/4 l Sahne
1 Becher Crème fraîche
4 Eier
Salz
Pfeffer aus der Mühle
1 Prise Muskat
einige Tropfen Zitronensaft
einige Tropfen Worcestersauce
1 Hand voll gemischte, gehackte Kräuter

★ Die Kartoffeln pellen und in Scheiben schneiden.

★ Die Butter oder Margarine in einer Auflaufform erhitzen und die geschälte und fein gehackte Zwiebel darin glasig schwitzen.

★ Das Sauerkraut zerpflücken, dazugeben und kurz mitschwitzen.

★ Zum Schluss die Kartoffelscheiben unterheben und ebenfalls kurz mitschwitzen.

★ Die Sahne mit der Crème fraîche und den Eiern verschlagen, mit Salz, Pfeffer, Muskat, Zitronensaft und Worcestersauce kräftig abschmecken und gleichmäßig auf der Sauerkrautmischung verteilen.

★ Das Ganze in dem auf 180–200 °C vorgeheizten Backofen in 20–25 Minuten backen, herausnehmen, dekorativ anrichten, mit den gehackten Kräutern bestreuen, ausgarnieren und sofort servieren.

Sauerkrautauflauf

Für 4 Personen:
250 g Magerquark
50 g Weizenmehl
200 g Sahnedickmilch
4 Eier
einige Tropfen Sojasauce
2 cl Cognac
250 g Lauch
1–2 EL Butter
200 g magerer, gekochter Schinken
Butter oder Margarine für die Form
500 g Sauerkraut
1–2 EL fein gehackter Estragon
1–2 EL fein gehackter Majoran
Salz
Pfeffer aus der Mühle
2 Eiweiß
1 Bund Schnittlauch

★ Den Magerquark mit dem Mehl, der Sahnedickmilch und den Eiern zu einem glatten Teig verrühren.

★ Die Sojasauce und den Cognac unter den Teig mischen.

★ Den Lauch putzen, waschen, in feine Ringe schneiden und in der erhitzten Butter kurz anbraten.

★ Den Schinken in Würfel schneiden, zum Lauch geben und ebenfalls mitbraten.

★ Eine Auflaufform mit der Butter oder Margarine ausfetten, 2 Drittel des Teiges einfüllen und das Sauerkraut locker darauf geben.

★ Die Kräuter über das Sauerkraut streuen, mit Salz und Pfeffer würzen und die Schinken-Lauch-Masse darauf verteilen.

★ Die Eiweiße zu steifem Schnee schlagen, unter den restlichen Teig heben und auf dem Auflauf verteilen.

★ In dem auf 200 °C vorgeheizten Backofen 45–50 Minuten backen, dekorativ anrichten, mit dem verlesenen, gewaschenen und in Röllchen geschnittenen Schnittlauch bestreuen, ausgarnieren und servieren.

Krautauflauf mit Schweinefleisch

Für 4 Personen:
500 g Schweinefleisch
2 kleine Zwiebeln
1 EL Schweineschmalz
Salz
Pfeffer aus der Mühle
200 g bissfest gegarter Langkornreis
1 Paar Debrecziner Würstchen
200 g durchwachsener, geräucherter Speck
1 kg Sauerkraut
1/4 l Gemüsebrühe
Schweineschmalz für die Form
1 Knoblauchzehe
2–3 Becher saure Sahne
1 Prise Paprikapulver, edelsüß
1 Bund Petersilie

★ Das Schweinefleisch durch die grobe Scheibe des Fleischwolfes drehen und mit den gehackten Zwiebeln vermischen.

★ Das Schmalz in einer Pfanne erhitzen und das Schweinefleisch darin unter ständigem Rühren braten. Mit Salz und Pfeffer würzen und den Reis unterheben.

★ Die Würstchen in Scheiben und den Speck in Würfel schneiden, in einer Pfanne ohne Fett braten und beiseite stellen.

★ Das Sauerkraut in der Gemüsebrühe garen, abgießen und abtropfen lassen. Eine Auflaufform mit Schweineschmalz ausfetten und mit der Knoblauchzehe ausreiben.

★ Sauerkraut, Speck und Debrecziner einfüllen, mit glatt gerührter, saurer Sahne überziehen und mit Paprikapulver bestäuben.

★ Darauf eine Lage Schweinefleisch mit Reis geben, dann wieder Sauerkraut, Speck und Debrecziner, wieder saure Sahne und Paprikapulver.

★ So weitermachen, bis alle Zutaten aufgebraucht sind, die restliche saure Sahne darüber gießen und den Auflauf im auf 180–200 °C vorgeheizten Backofen 45 Minuten garen. Aus dem Ofen nehmen, anrichten, mit gehackter Petersilie bestreuen und servieren.

Paprikagulasch mit Sauerkraut

Für 4 Personen:
500 g Gulasch
1 Bund Suppengrün
1 Zwiebel
je 1 kleine grüne, rote und gelbe Paprikaschote
2 EL Öl
1 Dose Tomatenmark
1/4 l Rotwein
3/4 l Gemüsebrühe
1 kleine Dose Sauerkraut
Salz
1 Prise Cayennepfeffer
1 EL Paprikapulver, edelsüß
1 frische Peperoni
1/2 Becher saure Sahne
1 Prise Paprikapulver, edelsüß

★ Das Gulasch klein schneiden. Das Suppengrün putzen und fein würfeln, die Zwiebel schälen und in Ringe schneiden, die Paprikaschoten halbieren, entkernen, waschen, gut abtropfen lassen und in Streifen schneiden.

★ Das Öl in einem Topf erhitzen und das Fleisch darin kräftig anbraten. Das Gemüse dazugeben und kurz mitbraten.

★ Das Tomatenmark einrühren, kurz rösten, mit dem Rotwein ablöschen und die Gemüsebrühe angießen.

★ Das Gulasch 1 1/2 Stunden schmoren lassen. 20 Minuten vor Garende das Sauerkraut zerpflücken und dazugeben.

★ Mit Salz, Cayennepfeffer und Paprikapulver würzen und fertig garen. Die Peperoni halbieren, entkernen, waschen und in Ringe schneiden.

★ Das Paprikagulasch mit der sauren Sahne überziehen, mit Paprikapulver bestreuen und kurz im Backofen erhitzen. Herausnehmen, dekorativ anrichten, mit den Peperoniringen bestreuen, ausgarnieren und servieren.

Auflauf mit Speck

Für 4 Personen:
500 g Kartoffeln, Salzwasser
1 große Dose Sauerkraut
Salz, Pfeffer aus der Mühle
1 Prise Zucker
1 TL Kümmel
375 g durchwachsener, geräucherter Speck in Scheiben
4 Zwiebeln
Butter für die Form
4 EL Semmelbrösel
Butterflöckchen

★ Die Kartoffeln im Salzwasser garen, abgießen, pellen und in Scheiben schneiden.

★ Das Sauerkraut zerpflücken und mit Salz, Pfeffer und Zucker abschmecken.

★ Zum Schluss den Kümmel untermischen.

★ Den Speck in einer trockenen Pfanne leicht anbraten. Die Zwiebeln schälen, in Ringe schneiden und im Speckfett glasig dünsten.

★ Eine Auflaufform leicht ausfetten und abwechselnd Kartoffelscheiben, Sauerkraut, Speck und Zwiebeln einfüllen. Die oberste Lage soll Sauerkraut sein.

★ Die Semmelbrösel über den Auflauf streuen und die Butterflöckchen darauf setzen.

★ Den Auflauf im auf 200 °C vorgeheizten Backofen 60–65 Minuten backen, herausnehmen, dekorativ anrichten, ausgarnieren und servieren.

Sauerkrautsalat mit Nudeln

Für 4 Personen:
200 g Sauerkraut
1 Salatgurke
300 g bissfest gegarte Nudeln
1/2 Tasse Estragonessig
1 Tasse Gemüsebrühe
1/2 Tasse Olivenöl
Salz, Pfeffer aus der Mühle
1 Prise Cayennepfeffer
1 Prise Zucker

★ Das Sauerkraut in eine Schüssel geben.

★ Die in Scheiben geschnittene Salatgurke mit den Nudeln unter das Sauerkraut mischen.

★ Den Estragonessig mit der Gemüsebrühe und dem Olivenöl verrühren, mit Salz, Pfeffer, Cayennepfeffer und Zucker kräftig abschmecken.

★ Den Salat mit dem Dressing anmachen und im Kühlschrank kurz ziehen lassen. Nochmals nachschmecken, dekorativ anrichten, ausgarnieren und servieren.

Deftiger Krautauflauf

Für 4 Personen:
2 Zwiebeln
200 g durchwachsener, geräucherter Speck
200 g gekochter, magerer Schinken
1–2 EL Butter oder Margarine
1 Dose Sauerkraut
1/4 l Gemüsebrühe
Salz, Pfeffer aus der Mühle
1 Lorbeerblatt
einige Wacholderbeeren
einige Pimentkörner
einige Senfkörner
1 Becher Sahne
2 Becher Sahnedickmilch
2 Eier, 1 Prise Muskat
1 Tasse gemischte, gehackte Kräuter
1 kg fertig gegarte Kartoffeln
Butterflöckchen

★ Die Zwiebeln schälen und fein hacken, den Speck und den Schinken in Würfel schneiden.

★ Die Butter oder Margarine in einer Auflaufform erhitzen, den Speck darin auslassen, die Zwiebeln dazugeben und glasig schwitzen und zum Schluss die Schinkenwürfel untermischen.

★ Das Sauerkraut zerpflücken, unter die Speckmischung heben, kurz mitschwitzen und mit der Gemüsebrühe ablöschen.

★ Mit Salz und Pfeffer würzen, das Lorbeerblatt, die Wacholderbeeren, die Pimentkörner sowie die Senfkörner in einen Gewürzbeutel geben und in die Brühe legen.

★ Zugedeckt 15–20 Minuten garen und den Gewürzbeutel entfernen.

★ Die Sahne mit der Sahnedickmilch und den Eiern glatt rühren, mit Salz, Pfeffer und Muskat kräftig abschmecken und die Kräuter unterziehen.

★ Die Kartoffeln pellen, in Scheiben schneiden, auf dem Sauerkraut verteilen und mit der Sahne-Ei-Mischung übergießen. Zum Schluss einige Butterflöckchen obenauf setzen.

★ Den Auflauf in dem auf 180–200 °C vorgeheizten Backofen 15–20 Minuten backen, herausnehmen, dekorativ anrichten, ausgarnieren und servieren.

Sauerkraut-Hackfleisch-Auflauf

Für 4 Personen:

1 kg Kartoffeln
Salzwasser
2–3 EL Butter
1/4 l heiße Milch
Salz
Pfeffer aus der Mühle
1 Prise Muskat
2 EL Schweineschmalz
750 g Sauerkraut
1/4 l Gemüsebrühe
1 Lorbeerblatt
1 Prise Zucker
2 EL Öl
1 Zwiebel
300 g gemischtes Hackfleisch
Butter oder Margarine für die Form
1 Becher Crème fraîche

★ Die Kartoffeln schälen, waschen, je nach Größe halbieren oder vierteln und im Salzwasser garen. Abgießen und durch die Kartoffelpresse treiben.

★ Die Butter und die Milch einrühren, mit Salz, Pfeffer und Muskat kräftig abschmecken.

★ Das Schmalz in einem Topf erhitzen und das zerpflückte Sauerkraut darin andünsten.

★ Die Gemüsebrühe angießen, das Lorbeerblatt dazugeben und das Sauerkraut 20–25 Minuten garen. Mit Salz, Pfeffer und Zucker abschmecken und das Lorbeerblatt entfernen.

★ Das Öl in einer Pfanne erhitzen und die geschälte, fein gehackte Zwiebel darin glasig schwitzen.

★ Das Hackfleisch dazugeben, unter ständigem Rühren braten und mit Salz und Pfeffer würzen.

★ Eine Auflaufform ausfetten und lagenweise Kartoffelbrei, Hackfleisch und Sauerkraut einfüllen. Die Crème fraîche glatt rühren und darüber gießen.

★ Den Auflauf im auf 220 °C vorgeheizten Backofen 20 Minuten überbacken, herausnehmen, dekorativ anrichten, ausgarnieren und servieren.

Überbackene Leberkäserollen

Für 4 Personen:
8 Scheiben Leberkäse, 1/2 cm dick
2–3 EL mittelscharfer Senf
1 Dose Sauerkraut
1 Tasse Gemüsebrühe
Gewürzbeutel mit Lorbeerblatt, Wacholderbeeren, Pfefferkörnern und Senfkörnern
Salz
weißer Pfeffer aus der Mühle
1 Prise Zucker
Butter oder Margarine für die Form
150 g geriebener Emmentaler
1 Bund Schnittlauch
1 rote Paprikaschote

★ Die Leberkäsescheiben auf eine Arbeitsfläche legen und dünn mit Senf bestreichen.

★ Das Sauerkraut mit der Gemüsebrühe und dem Gewürzbeutel in einen Topf geben, zum Kochen bringen und 15–20 Minuten garen.

★ Mit Salz, Pfeffer und Zucker kräftig abschmecken, den Gewürzbeutel entfernen, das Sauerkraut in ein Sieb gießen und gut abtropfen lassen.

★ Das Sauerkraut auf den Leberkäsescheiben verteilen, diese zusammenrollen und in eine ausgefettete Auflaufform legen.

★ Die Leberkäserollen mit dem geriebenen Emmentaler bestreuen und im auf 180–200 °C vorgeheizten Backofen überbacken, bis der Käse geschmolzen ist.

★ In der Zwischenzeit den Schnittlauch verlesen, waschen und in Röllchen schneiden, die Paprikaschote halbieren, entkernen, waschen, gut abtropfen lassen und in Streifen schneiden.

★ Die überbackenen Leberkäserollen dekorativ anrichten, mit Schnittlauchröllchen bestreuen, mit Paprikastreifen ausgarnieren und sofort servieren.

Speck-Kartoffelgemüse mit Sauerkraut

Für 4 Personen:
1–2 EL Butter
1 Zwiebel
150 g durchwachsener, geräucherter Speck
1 kleine Dose Sauerkraut
500 g gegarte Kartoffeln
1 Schuss Weißwein
1/4 l Gemüsebrühe
Salz
Pfeffer
1 Prise Muskat
1 Prise Cayennepfeffer
4 Tomaten
100 g Doppelrahmfrischkäse
1 Bund Schnittlauch

★ Die Butter in einer feuerfesten Form erhitzen und die geschälte und fein gehackte Zwiebel darin glasig schwitzen.

★ Den in feine Würfel geschnittenen Speck dazugeben und mitschwitzen. Das Sauerkraut unterheben und mitschwitzen.

★ Die Kartoffeln pellen und in 1–2 cm dicke Stücke schneiden. Die Kartoffeln zur Zwiebel geben und kurz mitschwitzen.

★ Mit Weißwein ablöschen, mit der Gemüsebrühe auffüllen, mit Salz, Pfeffer, Muskat und Cayennepfeffer kräftig abschmecken und 10 Minuten köcheln lassen.

★ Anschließend die enthäuteten, entkernten und in Würfel geschnittenen Tomaten untermischen.

★ Das Speck-Kartoffelgemüse mit dem zerbröckelten Doppelrahmfrischkäse bestreuen, im auf 200 °C vorgeheizten Ofen kurz überbacken, herausnehmen, anrichten und mit frisch geschnittenem Schnittlauch bestreut servieren.

Sauerkraut in der leichten Küche

Sauerkrautbrot mit Mettwürsten

Für 4 Personen:

- 4 Kochmettwürste
- 4 Scheiben Graubrot
- Butter oder Margarine zum Bestreichen
- 500 g mildes Sauerkraut
- 250 g Frischkäse

★ Die Mettwürste in heißem Wasser ziehen lassen, herausnehmen und in schräge Scheiben schneiden.

★ Die Graubrotscheiben mit Butter oder Margarine bestreichen und mit dem zerpflückten Sauerkraut belegen. Die Wurstscheiben darauf verteilen.

★ Den Frischkäse zerbröckeln und auf die Wurstscheiben streuen.

★ Die Sauerkrautbrote in dem auf 250 °C vorgeheizten Backofen kurz überbacken, herausnehmen, dekorativ anrichten, ausgarnieren und servieren.

Schnelles Sauerkrautbrot

Für 4 Personen:

- 4 Scheiben Vollkornknäckebrot
- Butter oder Margarine
- 1 kleine Dose Sauerkraut
- Salz
- weißer Pfeffer aus der Mühle
- 1/2 Bund Schnittlauch

★ Das Vollkornknäckebrot mit Butter oder Margarine bestreichen, mit dem zerpflückten Sauerkraut belegen und mit Salz und weißem Pfeffer würzen.

★ Den Schnittlauch verlesen, waschen, in Röllchen schneiden, die Brote damit bestreuen, ausgarnieren und servieren.

Rohes Apfelkraut

Für 4 Personen:

- 2 säuerliche Äpfel
- Saft von 1 Zitrone
- 400 g mildes Weinsauerkraut
- 200 g durchwachsener, geräucherter Speck
- 1 Becher saure Sahne
- 1/2 Becher Sahne
- Salz, Pfeffer aus der Mühle
- 1 Prise Cayennepfeffer
- 1 Prise Kümmelpulver
- 1 Prise Zucker
- 1 Tasse gemischte, gehackte Kräuter
- 20 g grob gehackte Nüsse

★ Die Äpfel waschen, trockentupfen, das Kerngehäuse herausschneiden und das Fruchtfleisch in Schnitze schneiden. In eine Schüssel geben und sofort mit Zitronensaft beträufeln.

★ Das Sauerkraut zerpflücken und den Speck in Würfel oder Streifen schneiden.

★ Den Speck ohne Fett auslassen, herausnehmen und gut abtropfen lassen. Das Sauerkraut und den Speck zu den Äpfeln geben und vermischen.

★ Die saure Sahne mit der Sahne glatt rühren, mit Salz, Pfeffer, Cayennepfeffer, Kümmelpulver und Zucker kräftig abschmecken und die gehackten Kräuter unterheben.

★ Das Apfelkraut damit anmachen und 15 Minuten ziehen lassen und nochmals abschmecken.

★ Das Apfelkraut dekorativ anrichten, mit den gehackten Nüssen bestreuen, ausgarnieren und servieren.

Vitaminteller

FÜR 4 PERSONEN:
500 g frisches Sauerkraut
250 g Karotten
1 rote Zwiebel
2 kleine, säuerliche Äpfel
Saft von 1/2 Zitrone
5 EL Essig
5 EL Öl
Salz
Pfeffer aus der Mühle
1 Prise Zucker
1/2 Bund Dill
einige Salatblätter

★ Das Sauerkraut nach Bedarf abwaschen, zerpflücken und in eine Schüssel geben.

★ Die Karotten schälen und grob raspeln, die Zwiebel schälen und in feine Würfel schneiden. Die Äpfel schälen, entkernen, in dünne Spalten schneiden und sofort mit Zitronensaft beträufeln.

★ Die Karotten, die Zwiebel und die Apfelspalten zum Sauerkraut geben und locker untermischen.

★ Für das Dressing den Essig mit dem Öl verrühren, mit Salz, Pfeffer und Zucker abschmecken und zum Schluss den verlesenen, gewaschenen und fein gehackten Dill dazugeben.

★ Den Vitaminteller mit dem Dressing anmachen und zugedeckt 30 Minuten durchziehen lassen.

★ Die Salatblätter waschen, abtropfen lassen und einen großen Teller damit auslegen.

★ Die Sauerkrautrohkost darauf verteilen, ausgarnieren und servieren.

Fitnesskraut

Für 4 Personen:
300 g mildes Sauerkraut
4 kleine Karotten
4 kleine, rotschalige Äpfel
Saft von 1 Zitrone
2–3 EL Apfelessig
2–3 EL Sonnenblumenöl
Salz
weißer Pfeffer aus der Mühle
1 Prise Zucker

★ Das Sauerkraut zerpflücken und in eine Schüssel geben.

★ Die Karotten putzen und in Stifte schneiden, die Äpfel gründlich abwaschen, trockentupfen, das Kerngehäuse herausschneiden und die Äpfel in Würfel schneiden.

★ Die Karotten und die Äpfel mit Zitronensaft beträufeln und unter das Sauerkraut heben.

★ Für das Dressing den Apfelessig mit dem Sonnenblumenöl verrühren, mit Salz, Pfeffer und Zucker kräftig abschmecken und das Sauerkraut damit anmachen.

★ Das Fitnesskraut dekorativ anrichten, ausgarnieren und servieren.

Ananas-Sauerkraut-Salat

Für 4 Personen:

100 g frische Ananas
400 g Sauerkraut
200 g gegarte Putenbrust
400 g Crème fraîche
1–2 EL Sahne
1/2 Bund Schnittlauch
Salz
Pfeffer aus der Mühle
1 Prise Kümmelpulver
1 Prise Cayennepfeffer
1 Prise Zucker
1/2 Kopf Eisbergsalat
Kräuterzweige zum Garnieren

★ Die Ananas in feine Streifen schneiden und in eine Schüssel geben.

★ Das Sauerkraut zerpflücken, je nach Säuregrad waschen, abtropfen lassen und mit der in feine Streifen geschnittenen Putenbrust unter die Ananas heben.

★ Die Crème fraîche in eine Schüssel geben und schaumig schlagen. Die Sahne und den verlesenen, gewaschenen und in Röllchen geschnittenen Schnittlauch unterziehen.

★ Das Dressing mit Salz, Pfeffer, Kümmelpulver, Cayennepfeffer und Zucker kräftig abschmecken und den Salat damit anmachen. Kurz ziehen lassen und nochmals nachschmecken.

★ Den Eisbergsalat verlesen, waschen, gut abtropfen lassen, in mundgerechte Stücke zerpflücken und 4 Teller damit auslegen.

★ Den Ananas-Sauerkraut-Salat auf den Salatblättern anrichten, mit Kräuterzweigen ausgarnieren und sofort servieren.

Karotten-Sauerkraut-Rohkost

FÜR 4 PERSONEN:
600 g Karotten
400 g Sauerkraut
2 Scheiben frische Ananas
1 Bund Schnittlauch
Saft von 1/2 Zitrone
1–2 EL Obstessig
1–2 EL Olivenöl
Salz, Pfeffer aus der Mühle
1 Prise Zucker
1 Prise Cayennepfeffer
1 Tasse gemischte, gehackte Kräuter

★ Die Karotten schälen, waschen, gut abtropfen lassen und raspeln. Das Sauerkraut zerpflücken und grob hacken, mit den Karotten in eine Schüssel geben.

★ Die Ananasscheiben in feine Würfel schneiden und unter den Salat heben. Den verlesenen, gewaschenen und fein geschnittenen Schnittlauch unterheben.

★ Den Zitronensaft mit dem Obstessig verrühren, das Olivenöl tropfenweise unterschlagen, mit Salz, Pfeffer, Zucker und Cayennepfeffer abschmecken und die Rohkost damit anmachen.

★ Die Rohkost 10–15 Minuten im Kühlschrank ziehen lassen und nochmals nachschmecken.

★ Anschließend die Karotten-Sauerkraut-Rohkost dekorativ anrichten, mit den gehackten Kräutern bestreuen, ausgarnieren und sofort servieren.

Schinkensalat

FÜR 4 PERSONEN:
350 g Sauerkraut
250 g gekochter Schinken
150 g Weintrauben
1 Becher saure Sahne
Salz, Pfeffer aus der Mühle
1 Prise Zucker

★ Das Sauerkraut waschen, gut abtropfen lassen und zerpflücken oder klein schneiden.

★ Den gekochten Schinken in Würfel oder Streifen schneiden.

★ Die Weintrauben verlesen, waschen, gut abtropfen lassen, halbieren und entkernen.

★ Die Schinkenstücke und die Weintraubenhälften locker unter das Sauerkraut heben.

★ Die saure Sahne in einer Schüssel glatt rühren, mit Salz, Pfeffer und Zucker abschmecken, den Salat damit anmachen und mindestens 10 Minuten ziehen lassen. Den Sauerkraut-Schinken-Salat auf 4 Tellern anrichten, ausgarnieren und servieren.

Krautsalat mit Mais

Für 4 Personen:
1 Zwiebel
1 EL Butter oder Margarine
400 g Sauerkraut
1 Tasse Gemüsebrühe
1 Dose Maiskörner
Salz, Pfeffer aus der Mühle
1 Prise Zucker
1–2 EL Weinessig
1–2 EL Olivenöl
1 grüne Peperoni

★ Die Zwiebel fein hacken. Die Butter oder Margarine in einem Topf erhitzen und die Zwiebel darin glasig schwitzen.

★ Das Sauerkraut waschen, abtropfen lassen, zerpflücken, zur Zwiebel geben und mitschwitzen.

★ Mit der Brühe ablöschen, die Maiskörner unterheben, mit Salz, Pfeffer und Zucker abschmecken und erkalten lassen.

★ Den Krautsalat nochmals abschmecken und mit Weinessig und Olivenöl beträufeln.

★ Die Peperoni putzen, entkernen und in feine Ringe schneiden.

★ Den Krautsalat mit Mais anrichten, mit den Peperoniringen bestreuen, ausgarnieren und servieren.

Bunte Sauerkraut-Rohkost

Für 4 Personen:
500 g Sauerkraut
4 dünne Scheiben frische Ananas
4 kleine Orangen
1 Becher Vollmilchjoghurt
1–2 EL Honig
1 Schuss Orangensaft
Salz, Pfeffer aus der Mühle
1 Prise Zucker
einige Salatblätter
Kräuterzweige zum Garnieren

★ Das Sauerkraut zerpflücken und in eine Schüssel geben. Die Ananasscheiben würfeln. Die Orangen schälen, die Filets aus der Haut lösen, ebenfalls würfeln und mit den restlichen Zutaten zum Sauerkraut geben. Alles vorsichtig miteinander vermischen.

★ Für das Dressing den Joghurt, den Honig und den Orangensaft miteinander glatt rühren. Mit Salz, Pfeffer und Zucker würzen.

★ Den Salat damit anmachen und kurz ziehen lassen.

★ In der Zwischenzeit die Salatblätter waschen, gut abtropfen lassen oder trockenschleudern und auf 4 Tellern anrichten.

★ Die Sauerkraut-Rohkost auf den Salatblättern verteilen, mit Kräuterzweigen ausgarnieren und servieren.

Sauerkraut mit Sahnedressing

Für 4 Personen:
400 g Sauerkraut, 2 Äpfel
Saft von 1 Zitrone
2 Becher Sahnedickmilch
Salz, Pfeffer aus der Mühle
1 Tasse Haselnüsse
1 Bund Schnittlauch

★ Das Sauerkraut waschen, gut abtropfen lassen und in dünne Stifte schneiden.

★ Die Äpfel waschen, halbieren, das Kerngehäuse herauslösen und die Äpfel grob raspeln, mit Zitronensaft beträufeln, mit den restlichen Salatzutaten vermischen.

★ Die Sahnedickmilch verrühren, mit Salz und Pfeffer abschmecken und die Rohkost damit anmachen, anrichten, ausgarnieren und mit den gehackten Haselnüssen und dem frisch geschnittenen Schnittlauch bestreut servieren.

Krautsalat zu Schweinerippchen

Für 4 Personen:
8 Schweinerippchen à 125 g
Salz
Pfeffer aus der Mühle
1–2 EL Butterschmalz
100 g durchwachsener, geräucherter Speck
1–2 EL Butter oder Margarine
500 g Sauerkraut
1/4 l Gemüsebrühe
1 Lorbeerblatt
1 Prise Kümmelpulver
1 Prise Zucker
1–2 EL Weinessig
1–2 EL Pflanzenöl

★ Die Schweinerippchen abwaschen, trockentupfen und mit Salz und Pfeffer einreiben.

★ Das Butterschmalz in einem Bräter erhitzen, die Rippchen darin anbraten und zugedeckt im auf 170–180 °C vorgeheizten Backofen 60–70 Minuten garen.

★ Den Speck in feine Würfel schneiden und in der erhitzten Butter oder Margarine anbraten.

★ Das Sauerkraut dazugeben, die Brühe angießen, das Lorbeerblatt einlegen und das Sauerkraut 15 Minuten köcheln lassen.

★ Das Sauerkraut vom Herd nehmen, das Lorbeerblatt entfernen, das Sauerkraut mit Salz, Pfeffer, Kümmelpulver und Zucker abschmecken und erkalten lassen.

★ Nach dem Erkalten nochmals nachschmecken, mit Weinessig und Pflanzenöl beträufeln.

★ Die Schweinerippchen mit dem Krautsalat anrichten, ausgarnieren und servieren.

Sauerkrautsalat

Für 4 Personen:
500 g mildes Sauerkraut
2 Birnen
Salz
Pfeffer aus der Mühle
1 Prise Kümmelpulver
100 g durchwachsener, geräucherter Speck
2 Zwiebeln

★ Das Sauerkraut zerpflücken oder klein schneiden und in eine Schüssel geben.

★ Die Birnen schälen, halbieren, das Kerngehäuse herausschneiden, das Fruchtfleisch in Würfel schneiden und mit dem Sauerkraut vermischen. Mit Salz, Pfeffer und Kümmelpulver würzen.

★ Den Speck in feine Streifen schneiden und in einer Pfanne ohne Fett auslassen.

★ Die Zwiebeln schälen, fein hacken, zum Speck geben und hellbraun braten.

★ Das Sauerkraut auf 4 Tellern anrichten, die Speck-Zwiebel-Mischung darauf verteilen, ausgarnieren und sofort servieren.

Paprika-Sauerkrautsalat

Für 4 Personen:
1 rote Paprikaschote
1 grüne Paprikaschote
1 kleine Zwiebel
350 g Sauerkraut
5 EL Öl, 2 EL Essig
Salz
weißer Pfeffer aus der Mühle
1/2 TL Paprikapulver, edelsüß
1 Prise Zucker
1 Prise Paprikapulver, edelsüß
Kräuterzweige zum Garnieren

★ Die Paprikaschoten putzen, halbieren, entkernen, waschen, gut abtropfen lassen und in dünne Streifen schneiden.

★ Die Zwiebel schälen und in dünne Ringe schneiden.

★ Das Sauerkraut zerpflücken und mit den Paprikastreifen und den Zwiebelringen in eine Schüssel geben.

★ Das Öl in eine Schüssel geben, den Essig einrühren, mit Salz, Pfeffer, Paprikapulver und Zucker kräftig abschmecken und den Salat damit anmachen.

★ Den Salat zugedeckt 30 Minuten ziehen lassen, herausnehmen, nochmals nachschmecken, anrichten, mit Paprikapulver bestäuben, mit Kräuterzweigen ausgarnieren und servieren.

Bananensalat

Für 4 Personen:
400 g Sauerkraut
2 kleine Äpfel
Saft von 1 Zitrone
1 kleine Zwiebel
6 EL Öl, 2 EL Weinessig
Salz
weißer Pfeffer aus der Mühle
1–2 TL Zucker
2 feste Bananen
50 g Lachsschinken

★ Das Sauerkraut zerpflücken und in eine Schüssel geben. Die Äpfel schälen, entkernen, fein raspeln und mit Zitronensaft beträufeln. Die Zwiebel schälen und fein hacken.

★ Die Äpfel und die Zwiebel zum Sauerkraut geben und unterheben. Für die Marinade das Öl in eine Schüssel geben, den Essig einrühren und mit Salz, Pfeffer und Zucker abschmecken.

★ Die Marinade über den Salat gießen und zugedeckt 20–30 Minuten ziehen lassen. Die Bananen schälen, in gleichmäßige Scheiben schneiden und mit Zitronensaft beträufeln. 2 Drittel davon unter den Salat heben.

★ Den Salat nachschmecken, anrichten und mit den restlichen Bananenscheiben belegen. Mit dem in feine Streifen geschnittenen Lachsschinken belegen, ausgarnieren und sofort servieren.

Krautsalat mit Orangen

Für 4 Personen:

500 g Sauerkraut
3–4 Orangen
3–4 EL gehackte Nüsse
2 Becher Sahnedickmilch
1 Schuss Orangensaft
Salz
weißer Pfeffer aus der Mühle
1 Prise Cayennepfeffer
1–2 EL Honig

★ Das Sauerkraut je nach Säure abwaschen, gut abtropfen lassen, zerpflücken oder klein schneiden und in eine Schüssel geben.

★ Die Orangen schälen, die Filets aus der Haut lösen und klein schneiden und mit den gehackten Nüssen unter das Sauerkraut heben.

★ Die Sahnedickmilch mit dem Orangensaft glatt rühren, mit Salz, Pfeffer, Cayennepfeffer und Honig kräftig abschmecken und den Salat damit anmachen.

★ Den Krautsalat mit Orangen kurz durchziehen lassen, dekorativ anrichten, ausgarnieren und servieren.

Sauerkraut-Rettich-Salat

Für 4 Personen:

1 großer, weißer Rettich
1 Bund Radieschen
1 Stück Salatgurke
100 g Sauerkraut
1/8 l saure Sahne
Salz
weißer Pfeffer aus der Mühle
1 TL Zucker
1–2 EL gehackte Haselnüsse
4 Scheiben Bauernbrot
Butter zum Bestreichen

★ Den Rettich waschen, nach Bedarf schälen und grob raspeln. Die Radieschen waschen, trockentupfen und in Scheiben schneiden.

★ Die Salatgurke waschen und in feine Scheiben hobeln.

★ Das Sauerkraut zerpflücken und mit den restlichen Salatzutaten in eine Schüssel geben.

★ Die saure Sahne glatt rühren und mit Salz, Pfeffer und Zucker abschmecken.

★ Den Sauerkraut-Rettich-Salat dekorativ anrichten, mit dem Dressing überziehen, mit den gehackten Haselnüssen bestreuen, ausgarnieren und mit Butterbrot servieren.

Sauerkrautsalat mit Joghurt und Honig

Für 4 Personen:
1 Becher Magermilchjoghurt
1 EL Honig
einige Tropfen Apfelessig
Salz
Pfeffer aus der Mühle
400 g frisches Sauerkraut
1 Bund Schnittlauch

★ Den Joghurt mit dem Honig sowie dem Apfelessig glatt rühren und mit Salz und Pfeffer kräftig abschmecken.

★ Das Sauerkraut zerpflücken, auf 4 Tellern anrichten, mit dem Joghurtdressing überziehen und kurz ziehen lassen.

★ Den Schnittlauch verlesen, waschen und in Röllchen schneiden. Den Sauerkrautsalat damit bestreuen, ausgarnieren und servieren.

Fruchtiger Krautsalat

Für 4 Personen:
300 g Sauerkraut
1 Zwiebel
1 große Birne
einige Tropfen Zitronensaft
1 Becher Vollmilchjoghurt
1 Bund Petersilie
Salz
weißer Pfeffer aus der Mühle
1 Prise Zucker
1 Prise Cayennepfeffer

★ Das Sauerkraut je nach Säure unter fließendem Wasser waschen, gut abtropfen lassen, grob hacken und in eine Schüssel geben. Die Zwiebel schälen, in feine Würfel schneiden und zum Kraut geben.

★ Die Birne waschen, trockentupfen, vierteln, das Kerngehäuse herausschneiden und das Fruchtfleisch grob raspeln. Mit Zitronensaft beträufeln und unter das Sauerkraut mischen.

★ Für das Dressing den Joghurt glatt rühren, die verlesene, gewaschene und fein gehackte Petersilie untermischen.

★ Das Dressing mit Salz, Pfeffer, Zucker und Cayennepfeffer kräftig abschmecken und den Salat damit anmachen.

★ Den fruchtigen Krautsalat kurz ziehen lassen, anschließend dekorativ anrichten, ausgarnieren und servieren.

Deftiges aus der Sauerkrautküche

Sauerkraut-Brät-Strudel

Für 4 Personen:
300 g Mehl
3 Eier
3/8 l Milch
Salz
weißer Pfeffer aus der Mühle
Butterschmalz zum Ausbacken
200 g feines Bratwurstbrät
1 Schuss Sahne
2 Eier
1 Prise Muskat
100–150 g mildes Sauerkraut
Semmelbrösel zum Binden
1 Tasse gemischte, gehackte Kräuter
Butter oder Margarine für die Form
1 Zwiebel
1–2 TL Butter oder Margarine
1 Schuss Weißwein
1/4 l gebundene Helle Sauce
1 Becher Sahne
1 TL Currypulver

★ Das Mehl mit den Eiern und der Milch in eine Schüssel geben, zu einem glatten Teig verrühren und mit Salz und Pfeffer würzen. Etwas Butterschmalz in einer Pfanne erhitzen und portionsweise Pfannkuchen ausbacken.

★ Für die Füllung das Bratwurstbrät in eine Schüssel geben, mit der Sahne glatt rühren, die Eier darunter schlagen und das Ganze mit Salz, Pfeffer und Muskat würzen.

★ Das Sauerkraut zerpflücken und unterheben. Mit Semmelbröseln binden und die Masse auf die Pfannkuchen streichen. Die Kräuter darüber streuen, die Pfannkuchen aufrollen und in eine ausgefettete Auflaufform setzen.

★ Im auf 180–200 °C vorgeheizten Backofen 12–15 Minuten backen, herausnehmen und warm stellen.

★ Die Zwiebel schälen, fein hacken und in der erhitzten Butter oder Margarine glasig schwitzen.

★ Mit Weißwein ablöschen, die gebundene Helle Sauce angießen und die Sahne einrühren. Die Sauce einmal aufkochen lassen, mit Salz, Pfeffer und Currypulver kräftig abschmecken und auf 4 vorgewärmten Tellern anrichten.

★ Die Pfannkuchen in 2 cm dicke Scheiben schneiden, in die Mitte setzen, das Ganze ausgarnieren und sofort servieren.

Krautrollen

Für 4 Personen:
500 g Sauerkraut
1/4 l Gemüsebrühe
Gewürzbeutel mit Lorbeerblatt, Wacholderbeeren, Pimentkörnern und Pfefferkörnern
1–2 TL Kümmel
1 Zwiebel
1–2 EL Butter oder Margarine
Salz
weißer Pfeffer aus der Mühle
1 Prise Muskat
300 g Mehl
1 Prise Salz
2 Eier
3–4 EL lauwarmes Wasser
Butterschmalz zum Braten
1 Tasse Gemüsebrühe

★ Das Sauerkraut zerpflücken, mit der Gemüsebrühe in einem Topf zum Kochen bringen, den Gewürzbeutel einlegen und den Kümmel einrühren. 15 Minuten garen, den Gewürzbeutel entfernen, das Sauerkraut abgießen und gut abtropfen lassen.

★ Die Zwiebel schälen und fein hacken, die Butter oder Margarine in einem Topf erhitzen, die Zwiebel hineingeben und glasig schwitzen. Das Sauerkraut untermischen, mit Salz, Pfeffer und Muskat würzen, vom Feuer nehmen und erkalten lassen.

★ Das Mehl auf eine Arbeitsfläche sieben, das Salz darüber streuen und eine Mulde in die Mitte drücken.

★ Die Eier und das Wasser in die Mulde geben und das Ganze mit bemehlten Händen von außen nach innen zu einem glatten Nudelteig verarbeiten. Den Teig 30 Minuten ruhen lassen, anschließend auf einer bemehlten Arbeitsfläche dünn ausrollen.

★ Das Sauerkraut auf dem Teig verteilen, aufrollen und die Rolle in 3 cm breite Stücke schneiden.

★ Das Butterschmalz erhitzen, die Stücke mit den Schnittflächen einsetzen und von beiden Seiten anbraten. Die Brühe angießen und die Krautrollen in dem auf 180–200 °C vorgeheizten Ofen 20–25 Minuten garen. Die Krautrollen herausnehmen, anrichten, ausgarnieren und servieren.

Krautknödel

Für 4 Personen:
10 altbackene Brötchen
1/2 l heiße Milch
4 Eier
1 Zwiebel
1–2 EL Butter oder Margarine
150 g Sauerkraut
1 Bund Petersilie
Salz
Pfeffer aus der Mühle
Semmelbrösel zum Binden
Salzwasser oder Gemüsebrühe zum Garen

★ Die Brötchen in sehr dünne Scheiben schneiden, in eine Schüssel geben, mit der heißen Milch übergießen und kurz ziehen lassen.

★ Anschließend die Eier einzeln dazugeben und das Ganze zu einem glatten Teig verarbeiten.

★ Die Zwiebel schälen, fein hacken und in der erhitzten Butter oder Margarine glasig schwitzen.

★ Das zerpflückte Sauerkraut dazugeben und kurz mitschwitzen. Vom Herd nehmen und leicht abkühlen lassen.

★ Die Sauerkrautmischung sowie die verlesene, gewaschene und fein gehackte Petersilie unter die Brötchenmasse arbeiten, mit Salz und Pfeffer würzen und nach Bedarf mit Semmelbröseln binden.

★ Das Salzwasser oder die Gemüsebrühe zum Kochen bringen. Aus der Brötchenmasse kleine Knödel formen und diese darin bei mäßiger Hitze 10–12 Minuten ziehen lassen. (Sie sind gar, wenn sie an der Wasseroberfläche schwimmen.)

★ Die Krautknödel halbieren oder in Scheiben schneiden, dekorativ anrichten und mit einer hellen Specksauce servieren.

Krautomelett

Für 4 Personen:
1 Stange Lauch
1 rote Paprikaschote
1 kleine Dose Maiskörner
100–125 g mildes Sauerkraut
1–2 EL Butter oder Margarine
125 g magerer, gekochter Schinken
8 Eier
1/4 l Vollmilch
Salz
weißer Pfeffer aus der Mühle
1 Prise Muskat
1–2 TL Sojasauce

★ Den Lauch halbieren, waschen, gut abtropfen lassen und in Ringe schneiden.

★ Die Paprikaschote putzen, halbieren, entkernen, waschen und in Streifen schneiden. Die Maiskörner abtropfen lassen, das Sauerkraut fein schneiden.

★ Die Butter oder Margarine in einer großen Pfanne erhitzen, den Lauch und die Paprikaschoten darin anschwitzen, die Maiskörner und das Sauerkraut sowie den Schinken dazugeben und kurz mitschwitzen.

★ Die Eier mit der Milch verschlagen, mit Salz, Pfeffer, Muskat und Sojasauce abschmecken und über die Gemüsemischung gießen.

★ Zugedeckt bei schwacher Hitze 8–12 Minuten stocken lassen, herausnehmen, dekorativ anrichten, ausgarnieren und sofort servieren.

Kartoffelröllchen mit Sauerkraut

Für 4 Personen:
800 g mehlig kochende Kartoffeln
Salzwasser
1 große Zwiebel
1–2 EL Butterschmalz
300 g Sauerkraut
1 TL Paprikapulver, edelsüß
2 EL Wasser
2 Äpfel
1 Bund gemischte, gehackte Kräuter
Salz
100 g Mehl
1 Ei
Mehl zum Ausrollen
1 EL Butterschmalz
100 g Crème fraîche
Butter für die Form

★ Die Kartoffeln waschen, im Salzwasser garen, abgießen, pellen und noch heiß durch die Kartoffelpresse treiben.

★ Die Zwiebel schälen und fein hacken, im erhitzten Butterschmalz glasig schwitzen, das zerpflückte Sauerkraut dazugeben und mitschwitzen. Das Paprikapulver darüber streuen, das Wasser angießen und das Sauerkraut bei mäßiger Hitze 20 Minuten garen.

★ Die Äpfel schälen, entkernen und fein reiben. Mit den Kräutern unter das Sauerkraut heben, salzen und abkühlen lassen.

★ Den Kartoffelschnee mit Salz, Mehl und dem Ei zu einem Teig verkneten. Sollte er kleben, löffelweise etwas Mehl unterarbeiten.

★ Den Teig in 4 Teile teilen. Auf einem mit Mehl bestäubten Küchentuch messerrückendick ausrollen, mit flüssigem Butterschmalz und glatt gerührter Crème fraîche bestreichen und mit dem gut abgetropften Sauerkraut belegen.

★ Mit Hilfe des Küchentuchs aufrollen, in 5 cm lange Stücke schneiden und diese aufrecht in eine ausgefettete, feuerfeste Form mit niedrigem Rand setzen.

★ Das restliche Butterschmalz und die Crème fraîche darauf träufeln und in den kalten Backofen schieben.

★ Bei 200 °C in ca. 45 Minuten goldbraun backen, herausnehmen, dekorativ anrichten, ausgarnieren und sofort servieren.

Kräuteromelett mit bunter Füllung

Für 4 Personen:
2 Zwiebeln
1–2 EL Butter oder Margarine
500 g frische Champignons
Saft von 1 Zitrone
3–4 Tomaten
Salz
weißer Pfeffer aus der Mühle
1 Prise Muskat
1 Hand voll gemischte, gehackte Kräuter
8 Eier
1 Tasse kohlensäurearmes Mineralwasser
Butter zum Ausbacken
250 g klein geschnittenes Sauerkraut

★ Die Zwiebeln schälen, fein hacken und in der erhitzten Butter oder Margarine glasig schwitzen.

★ Die Champignons putzen, in Scheiben schneiden, mit Zitronensaft beträufeln, zu den Zwiebeln geben und bei mäßiger Hitze bissfest garen.

★ Die Tomaten enthäuten, entkernen, in Würfel oder Streifen schneiden, zu den Champignons geben und erhitzen.

★ Das Gemüse mit Salz, Pfeffer und Muskat kräftig abschmecken und die gehackten Kräuter untermischen.

★ Die Eier mit dem Mineralwasser verquirlen und mit Salz, Pfeffer und Muskat würzen.

★ Die Butter in einer Pfanne erhitzen, ein Viertel des Sauerkrauts locker hineingeben, mit einem Viertel der Eimasse übergießen, von beiden Seiten braten, herausnehmen und warm stellen.

★ Die Omeletts mit der Gemüsemischung füllen, zusammenklappen, anrichten, ausgarnieren und sofort servieren.

Krautplätzchen

Für 4 Personen:

800 g fertig gegarte Pellkartoffeln
2 Zwiebeln
250 g fertig gegartes Sauerkraut
250 g gekochter, magerer Schinken
1 Becher saure Sahne
4 Eier
Salz
Pfeffer aus der Mühle
1 Prise Muskat
1 Bund Petersilie
3–4 EL Haferflocken
Pflanzenfett zum Ausbacken

★ Die Kartoffeln pellen, fein reiben und in eine Schüssel geben, die Zwiebeln schälen, in sehr feine Würfel schneiden und mit den Kartoffeln vermischen.

★ Das Sauerkraut gut abtropfen lassen und nach Bedarf klein schneiden, den Schinken würfeln, beides mit der sauren Sahne unter die Kartoffeln heben.

★ Die Eier einzeln einrühren, das Ganze mit Salz, Pfeffer und Muskat würzen und die verlesene, gewaschene und fein gehackte Petersilie unterheben.

★ Den Teig mit so viel Mehl binden, dass eine kompakte Masse entsteht.

★ Das Pflanzenfett in einer Pfanne erhitzen und den Teig darin portionsweise von beiden Seiten goldgelb ausbacken.

★ Die Krautplätzchen herausnehmen, dekorativ anrichten, ausgarnieren und sofort servieren.

Schlachtplatte

FÜR 4 PERSONEN:
2–3 EL Schweineschmalz
2 Zwiebeln
800 g Sauerkraut
1 Glas Weißwein
3/8 l Gemüse- oder Fleischbrühe
2 Lorbeerblätter
einige Nelken
einige Pfefferkörner
einige Wacholderbeeren
einige Pimentkörner
2 EL Zucker
4 dicke Scheiben durchwachsener, geräucherter Speck
4 Scheiben Kasseler
4 Mettwürste
500 g fertig gegarte Pellkartoffeln

★ Das Schweineschmalz in einem Topf erhitzen und die geschälten und fein gehackten Zwiebeln anschwitzen.

★ Das Sauerkraut zerpflücken, zu den Zwiebeln geben und kurz andünsten.

★ Mit Weißwein ablöschen, mit der Gemüse- oder Fleischbrühe auffüllen und zum Kochen bringen.

★ Die Lorbeerblätter, die Nelken, die Pfefferkörner, die Wacholderbeeren, die Pimentkörner und den Zucker unter das Kraut rühren.

★ Die Speckscheiben, das Kasseler und die Mettwürste einlegen und das Ganze bei mäßiger Hitze 40–45 Minuten garen.

★ 10 Minuten vor Garende die gepellten, längs geviertelten Kartoffeln ins Kraut geben und erhitzen.

★ Nach Ende der Garzeit das Sauerkraut abschmecken, dekorativ anrichten, die Speckscheiben, die Kasselerscheiben und die Mettwürste obenauf legen, ausgarnieren und servieren.

Sauerkrautpfanne mit Rinderhackfleisch

FÜR 4 PERSONEN:
3–4 EL Sojaöl
500 g Rinderhackfleisch
2 Zwiebeln
1 Stange Lauch
1 rote Paprikaschote
1 Knoblauchzehe
1 Stück Ingwerwurzel
1 kleine Dose Sauerkraut
2 Tassen Gemüsebrühe
4 EL Sojasauce
400 g fertig gegarte Salzkartoffeln
200 g Sojabohnenkeimlinge
Salz
Pfeffer aus der Mühle
1 Prise Cayennepfeffer
1 Tasse gemischte, gehackte Kräuter

★ Das Sojaöl in einem Topf erhitzen und das Rinderhackfleisch darin unter ständigem Rühren braten.

★ Die Zwiebeln, den Lauch und die Paprikaschote putzen, in Streifen oder Würfel schneiden, zum Fleisch geben und unter ständigem Rühren mitbraten.

★ Die Knoblauchzehe und den Ingwer fein hacken, mit dem Sauerkraut zum Fleisch geben und kurz mitbraten.

★ Die Gemüsebrühe und die Sojasauce zum Fleisch geben und bei mäßiger Hitze 20–25 Minuten garen.

★ Die in Würfel oder Scheiben geschnittenen Kartoffeln sowie die Sojabohnenkeimlinge dazugeben, weitere 5–8 Minuten köcheln lassen und anschließend mit Salz, Pfeffer und Cayennepfeffer abschmecken.

★ Die Sauerkrautpfanne anrichten, ausgarnieren, mit den gehackten Kräutern bestreuen und servieren.

Schupfnudeln mit Kraut

Für 4 Personen:
1 kg Kartoffeln
Salzwasser
1 Prise Kümmelpulver
250 g Weizenmehl Type 405
Salz
1 Prise Muskat
3–4 Eier
1 l Salzwasser oder Gemüsebrühe
3–4 EL Butterschmalz
150 g durchwachsener, geräucherter Speck
2 Zwiebeln
1 große Dose Sauerkraut
1 Schuss Weißwein
1 Tasse Gemüsebrühe
2 Lorbeerblätter
einige Wacholderbeeren
einige Pimentkörner
Salz
Pfeffer aus der Mühle

★ Die Kartoffeln abbürsten und im Salzwasser mit etwas Kümmelpulver 20 Minuten garen, abgießen, pellen und noch heiß durch die Kartoffelpresse treiben.

★ Das Mehl, das Salz, den Muskat und die Eier dazugeben und das Ganze mit bemehlten Händen zu einem kompakten Teig verkneten.

★ Den Teig auf einer bemehlten Arbeitsfläche zu dünnen Nudeln abrollen und diese im erhitzten Salzwasser oder der Gemüsebrühe garen.

★ Herausnehmen, gut abtropfen lassen, im erhitzten Butterschmalz rundherum goldbraun braten, herausnehmen und bereitstellen.

★ Den Speck in Würfel oder Streifen schneiden und im verbliebenen Bratfett auslassen. Die Zwiebeln schälen, fein hacken, zum Speck geben und kurz mitbraten.

★ Das Sauerkraut dazugeben, mit dem Weißwein ablöschen, die Gemüsebrühe angießen, die Lorbeerblätter, die Wacholderbeeren und die Pimentkörner dazugeben, mit Salz und Pfeffer würzen und das Sauerkraut 30–35 Minuten köcheln lassen.

★ Die Schupfnudeln mit dem Kraut vermischen, nochmals erhitzen, anschließend dekorativ anrichten, ausgarnieren und servieren.

Deftige Sauerkrautpfanne

Für 4 Personen:
4 Landjäger
2 EL Butterschmalz
1 große Dose Sauerkraut
Salz
Pfeffer aus der Mühle
1 TL Kümmel
1/8 l Fleisch- oder Gemüsebrühe
3–4 Tomaten
1–2 TL Tomatenmark
1 Becher Crème fraîche
1–2 TL Speisestärke
einige Tropfen Sojasauce
4 Portionen Salzkartoffeln

★ Die Landjäger in Scheiben oder Würfel schneiden. Das Butterschmalz in einer Pfanne erhitzen und die Landjäger darin anbraten.

★ Das Sauerkraut dazugeben, mit Salz, Pfeffer und Kümmel kräftig abschmecken und unter ständigem Rühren 5 Minuten mitbraten.

★ Mit der Fleisch- oder Gemüsebrühe ablöschen und 20 Minuten garen.

★ Die Tomaten enthäuten, entkernen und in Würfel schneiden. Mit dem Tomatenmark unter das Sauerkraut heben.

★ 3–4 Minuten köcheln lassen, die Crème fraîche einrühren und nach Geschmack mit angerührter Speisestärke binden.

★ Die Sauerkrautpfanne nochmals abschmecken, mit Sojasauce verfeinern, dekorativ anrichten, ausgarnieren und mit Salzkartoffeln servieren.

Medaillons auf Mandarinenkraut

Für 4 Personen:
4 EL Butterschmalz
100 g durchwachsener, geräucherter Speck
2 Zwiebeln
1 große Dose Sauerkraut
Salz
Pfeffer aus der Mühle
1 EL Kümmel
4 Rindermedaillons
1 Prise Thymian
1 Prise Majoran
2–3 EL Butter oder Margarine
1 Schuss Weinbrand
1 Bund Frühlingszwiebeln
einige Pfefferkörner
1/4 l Bratensaft
1 kleine Dose Mandarinen

★ Das Butterschmalz in einer Pfanne erhitzen und den in Würfel geschnittenen Speck auslassen.

★ Die Zwiebeln schälen, fein hacken, mit dem Sauerkraut zum Speck geben und kurz braten. Mit Salz und Pfeffer sowie Kümmel nach Geschmack würzen und 20 Minuten garen.

★ Die Rindermedaillons waschen, gut abtropfen lassen, mit Thymian und Majoran kräftig würzen.

★ Die Butter oder Margarine in einer Pfanne erhitzen, die Medaillons darin je nach Geschmack medium oder durch braten und mit Weinbrand beträufeln. Leicht salzen, pfeffern und warm stellen.

★ Die Frühlingszwiebeln putzen, in feine Streifen schneiden, mit den Pfefferkörnern ins verbliebene Bratfett geben und glasig schwitzen.

★ Zum Sauerkraut geben, den Bratensaft angießen, die gut abgetropften Mandarinen unterheben, bei mäßiger Hitze 2–3 Minuten köcheln lassen und abschmecken.

★ Die Medaillons auf dem Mandarinenkraut dekorativ anrichten, ausgarnieren und sofort servieren.

Schweinefleisch mit Kartoffelkraut

Für 4 Personen:
500 g Schweinenacken
2–3 EL Sojasauce
2 EL Obstessig
Salz, Pfeffer aus der Mühle
3–4 EL Sesamöl
2 Zwiebeln, 1 rote Paprikaschote
1 kleine Dose Sauerkraut
3/4 l Geflügelbrühe
1–2 EL Sojasauce
400 g gegarte Kartoffeln
1 EL Kümmelpulver
1 EL Korianderpulver
1 Prise Cayennepfeffer
1–2 EL Honig
1 Bund Schnittlauch

★ Das Schweinefleisch waschen, in feine Würfel oder Streifen schneiden, in eine Schüssel geben, mit Sojasauce und Obstessig beträufeln, mit Salz und Pfeffer würzen.

★ Das Sesamöl in einem Topf erhitzen, das Fleisch dazugeben und unter ständigem Rühren braten.

★ Die Zwiebeln schälen und in Würfel schneiden, die Paprikaschote putzen und in Streifen schneiden, das Sauerkraut nach Geschmack wässern und gut ausdrücken.

★ Das Gemüse zum Fleisch geben und unter ständigem Rühren braten. Die Geflügelbrühe angießen und zum Kochen bringen.

★ Die Sojasauce dazugeben und bei mäßiger Hitze 35–40 Minuten garen. Kurz vor Garende die in Würfel geschnittenen Kartoffeln unterheben und erhitzen.

★ Mit Salz, Pfeffer, Kümmel, Koriander, Cayennepfeffer und Honig abschmecken, anrichten, ausgarnieren und mit frisch geschnittenem Schnittlauch bestreut servieren.

Sauerkrautrouladen

FÜR 4 PERSONEN:

4 Putenschnitzel
Salz
Pfeffer aus der Mühle
2–3 EL mittelscharfer Senf
4 Scheiben magerer, gekochter Schinken
125–150 g gegartes Sauerkraut
Mehl zum Wenden
2–3 EL Butterschmalz
1 Schuss Weißwein
1/2 l gebundene Tomatensauce
1–2 EL Tomatenmark
1–2 EL Tomatenketschup
einige Tropfen Worcestersauce
4 Portionen Mandelbrokkoli

★ Die Putenschnitzel waschen, trockentupfen, auf eine Arbeitsfläche legen und dünn klopfen.

★ Die Putenschnitzel salzen, pfeffern, mit Senf bestreichen und mit je 1 Scheibe Schinken belegen.

★ Das Sauerkraut gut abtropfen lassen, auf dem Schinken verteilen und die Putenschnitzel aufrollen. Mit Küchenschnur binden oder mit Zahnstochern zusammenstecken und im Mehl wenden.

★ Das Schmalz in einem Bräter erhitzen, die Rouladen darin von allen Seiten Farbe nehmen lassen.

★ Mit Weißwein ablöschen und die Tomatensauce, das Tomatenmark und den Tomatenketschup einrühren.

★ Zugedeckt in dem auf 180–200 °C vorgeheizten Backofen 30–40 Minuten garen.

★ Nach Ende der Garzeit die Sauerkrautrouladen herausnehmen und die Sauce mit Salz, Pfeffer und Worcestersauce kräftig abschmecken.

★ Die Sauerkrautrouladen dekorativ anrichten, mit der Sauce überziehen, ausgarnieren und mit Mandelbrokkoli servieren.

Kasseler mit Kräuterkruste auf Ananaskraut

Für 4 Personen:
750 g Kasselerkotelett ohne Knochen
1 Bund Petersilie
2 EL Honig
2 EL grobkörniger Senf
1 Zwiebel
1 kleine Dose Ananasstücke
1 EL Butterschmalz
1 große Dose Sauerkraut
1 EL Wacholderbeeren
1 Tasse Gemüsebrühe
Salz
4 Portionen Kartoffelpüree

★ Das Kasseler in einen Bräter legen und im auf 200 °C vorgeheizten Ofen 20 Minuten braten.

★ Die Petersilie fein hacken. Mit dem Honig und dem Senf verrühren, den Braten damit bestreichen und weitere 25–35 Minuten braten.

★ Die Zwiebel schälen und in feine Würfel schneiden, die Ananasstücke gut abtropfen lassen und den Saft auffangen.

★ Das Schmalz erhitzen, die Zwiebeln glasig schwitzen, das Sauerkraut, die Ananasstücke und die Wacholderbeeren dazugeben.

★ Den Ananassaft sowie die Gemüsebrühe angießen. Das Ganze 30 Minuten garen und nach Bedarf mit Salz würzen.

★ Das Kartoffelpüree in einen Spritzbeutel füllen und als Tuffs auf ein mit Backtrennpapier ausgelegtes Backblech spritzen. 15 Minuten ruhen lassen, in dem auf 220 °C vorgeheizten Backofen goldgelb backen und auf 4 Tellern anrichten.

★ Das Ananaskraut dazugeben, das Kasseler mit Kräuterkruste in Scheiben schneiden und darauf legen, ausgarnieren und sofort servieren.

Grillhähnchen auf Apfelkraut

Für 4 Personen:
1 küchenfertiges Hähnchen
Salz
Pfeffer aus der Mühle
1 große Zwiebel
1–2 EL Butter oder Margarine
1 große Dose Sauerkraut
1 Tasse Gemüsebrühe
1 Lorbeerblatt
einige Wacholderbeeren
2 Äpfel
1 Prise Zucker
2–3 EL Honig
1–2 EL Chilisauce
Petersiliensträußchen zum Garnieren
4 Portionen Kartoffelpüree

★ Das Hähnchen unter fließendem Wasser abwaschen, trockentupfen und mit Salz und Pfeffer würzen. Auf dem Drehspieß im Grill je nach Größe 45–60 Minuten grillen.

★ Die Zwiebel schälen, in Würfel schneiden und in der erhitzten Butter oder Margarine glasig schwitzen.

★ Das Sauerkraut zerpflücken, dazugeben, kurz mitschwitzen und die Gemüsebrühe angießen.

★ Das Lorbeerblatt und die Wacholderbeeren einlegen und das Sauerkraut zugedeckt 20–30 Minuten garen.

★ Kurz vor Garende die geschälten, entkernten und grob geraspelten Äpfel unterheben.

★ Das Sauerkraut mit Salz, Pfeffer und Zucker abschmecken.

★ Das Hähnchen aus dem Grill nehmen, in Portionsstücke zerteilen und mit einer Mischung aus Honig und Chilisauce bestreichen.

★ Auf das Sauerkraut legen und kurz mitschmoren. Anschließend dekorativ anrichten, mit Petersiliensträußchen ausgarnieren und mit Kartoffelpüree servieren.

Pikantes Sauerkraut mit Wiener Würstchen

Für 4 Personen:
2 Zwiebeln
1 EL Butter oder Margarine
1 Dose Sauerkraut
1 Schuss Weißwein
1 Tasse Gemüsebrühe
Salz
Pfeffer aus der Mühle
1 Prise Zucker
1 TL Kümmel
4–5 EL ungesüßtes Apfelmus
4 Paar Wiener Würstchen
1 Tasse gemischte, gehackte Kräuter

★ Die Zwiebeln schälen und fein hacken.

★ Die Butter oder Margarine in einem Topf erhitzen und die Zwiebeln darin glasig schwitzen.

★ Das Sauerkraut zerpflücken, dazugeben und kurz mitschwitzen. Mit Weißwein ablöschen und die Gemüsebrühe angießen.

★ Mit Salz, Pfeffer, Zucker und Kümmel kräftig abschmecken und zugedeckt bei mittlerer Hitze 15–20 Minuten dünsten. Zum Schluss das Apfelmus unterziehen.

★ Die Wiener Würstchen erhitzen, das Sauerkraut anrichten, die Würstchen dazugeben, das Ganze mit den gehackten Kräutern bestreuen, ausgarnieren und servieren.

Gemüsekraut mit Filetstreifen

Für 4 Personen:
500 g Rinderfilet
Salz
Pfeffer aus der Mühle
3–4 EL Sojasauce
2 Knoblauchzehen
1 TL Salz
2 Zwiebeln
200 g Bleichsellerie, 2 Karotten
200 g mildes Weinsauerkraut
100 g frische Pilze
Saft von 1/2 Zitrone
2–3 EL Butterschmalz
1 Tasse Gemüsebrühe
1 Bund Petersilie

★ Das Rinderfilet waschen, trockentupfen, in Streifen schneiden und in eine Schüssel geben. Mit Salz und Pfeffer würzen, mit der Sojasauce beträufeln und 2 Stunden ziehen lassen.

★ Die Knoblauchzehen mit Salz zu einer Paste zerreiben, die Zwiebeln schälen und hacken.

★ Den Bleichsellerie putzen und in Stücke schneiden, die Karotten schälen und in Scheiben schneiden, das Sauerkraut wässern, ausdrücken und klein schneiden, die Pilze putzen, halbieren und mit Zitronensaft beträufeln.

★ Das Schmalz erhitzen und die Knoblauchpaste hineingeben.

★ Kurz anschwitzen, die Filetstreifen dazugeben, unter ständigem Rühren braten, herausnehmen und beiseite stellen.

★ Die gehackten Zwiebeln im verbliebenen Bratfett glasig schwitzen, den Bleichsellerie, die Karotten und das Sauerkraut dazugeben und mitschwitzen.

★ Mit der Brühe ablöschen, salzen, pfeffern und 15 Minuten köcheln lassen. Die Pilze unterheben, 5 Minuten mitgaren und das Fleisch einrühren und erhitzen.

★ Das Gemüsekraut mit Filetstreifen anrichten, mit der gehackten Petersilie bestreuen, ausgarnieren und servieren.

Sauerkrauttaschen

Für 4 Personen:
300 g Weizenmehl, Salz
1 Prise Muskat, 2 Eier
2 EL Wasser
1–2 EL Butterschmalz
1 Zwiebel
500 g fertig gegartes Sauerkraut
Pfeffer aus der Mühle
1 TL Kümmel
1/4 l Gemüsebrühe
300 g Schweineschinken

★ Das Mehl auf eine Arbeitsfläche sieben, eine Mulde eindrücken, mit Salz und Muskat bestreuen.

★ Die Eier und das lauwarme Wasser in die Mulde geben und das Ganze mit bemehlten Händen von außen nach innen zu einem Nudelteig verarbeiten.

★ Den Nudelteig 30 Minuten ruhen lassen, anschließend auf einer bemehlten Arbeitsfläche dünn ausrollen und Quadrate von 12 x 12 cm ausradeln.

★ Das Schmalz erhitzen, die gehackte Zwiebel darin glasig schwitzen und das Sauerkraut untermischen. Mit Salz, Pfeffer, Kümmel und Muskat kräftig abschmecken, vom Feuer nehmen und erkalten lassen.

★ Das Sauerkraut jeweils auf eine Seite der Teigquadrate geben, die Teigränder mit Wasser einstreichen, die andere Teighälfte darüber schlagen und andrücken.

★ Das Schmalz in einem Bräter erhitzen, die Sauerkrauttaschen einlegen und beidseitig anbraten.

★ Etwas Brühe angießen und im auf 180–200 °C vorgeheizten Backofen in 20–25 Minuten garen. Die Sauerkrauttaschen anrichten, den Schinken dazugeben, ausgarnieren und servieren.

Sauerkraut-Quiche

Für 4 Personen:
250 g Weizenvollkornmehl
1 TL Backpulver
1 Prise Salz
1 Ei
100 g Butterschmalz
Butter für die Form
250 g Zwiebeln
1–2 EL Butter oder Margarine
250 g Sauerkraut
250 g magerer, gekochter Schinken
Salz, Pfeffer aus der Mühle
1 Prise Muskat
2 Becher Sahnedickmilch
3 Eier
1–2 TL Speisestärke
1 Tasse gemischte, gehackte Kräuter

★ Das Weizenvollkornmehl mit dem Backpulver und dem Salz vermischen, auf eine Arbeitsfläche geben und eine Mulde eindrücken. Das Ei in die Mulde geben, das Butterschmalz in Flöckchen darauf setzen und das Ganze zu einem glatten Mürbteig verkneten.

★ Den Teig in Frischhaltefolie wickeln und im Kühlschrank 1 Stunde ruhen lassen. Den Teig herausnehmen, nochmals kurz durchkneten und eine gefettete, feuerfeste Form damit auslegen, dabei einen Rand hochziehen.

★ Für den Belag die Zwiebeln schälen, fein hacken und in der erhitzten Butter oder Margarine glasig schwitzen.

★ Das zerpflückte Sauerkraut dazugeben und kurz mitschwitzen. Den Schinken in Würfel schneiden und unterheben, mit Salz, Pfeffer und Muskat kräftig würzen, erkalten lassen und auf dem Mürbteig verteilen.

★ Die Sahnedickmilch mit den Eiern und der angerührten Speisestärke verquirlen, die gehackten Kräuter unterheben, mit Salz, Pfeffer und Muskat abschmecken und die Masse über die Sauerkrautmischung gießen.

★ Die Sauerkraut-Quiche in dem auf 200 °C vorgeheizten Backofen 35–45 Minuten backen, herausnehmen, anrichten, ausgarnieren und heiß oder kalt servieren.

Vollkorn-Sauerkraut-Torte

Für 4 Personen:
250 g Vollkornweizenmehl
1 TL Backpulver
1/2 TL Salz
100 g Butterschmalz
1 Ei
Butterschmalz zum Ausfetten
500 g Sauerkraut
2 Eier
200 g Crème fraîche
Salz, Pfeffer aus der Mühle
1 Prise Muskat
50 g Semmelbrösel
2 Eier
125 g geriebener Parmesankäse

★ Das Mehl und das Backpulver auf eine Arbeitsfläche geben und eine Mulde eindrücken. Mit Salz bestreuen, die Schmalzflöckchen darauf setzen, das Ei in die Mulde geben, mit bemehlten Händen zu einem Teig verkneten, in ein Küchentuch wickeln und 1 Stunde ruhen lassen.

★ Das Sauerkraut waschen, mit den Eiern und der Crème fraîche verrühren, mit Salz, Pfeffer und Muskat kräftig abschmecken.

★ Die Semmelbrösel in einer trockenen Pfanne goldgelb rösten und abkühlen lassen.

★ Den Teig ausrollen, eine ausgefettete Springform damit auslegen und einen 3 cm hohen Rand formen. Die Sauerkrautmasse einfüllen, glatt streichen und im auf 180–200 °C vorgeheizten Backofen 40–50 Minuten backen.

★ 10 Minuten vor Garende die restlichen Eier verquirlen und die Oberfläche der Torte damit bestreichen, mit den Semmelbröseln und dem geriebenen Käse bestreuen, fertig backen.

★ Die Vollkorn-Sauerkraut-Torte herausnehmen und warm oder kalt servieren.

Krautstrudel mit Frischkäse

Für 4 Personen:
250 g Weizenvollkornmehl
1 Prise Salz
4 EL kaltgepresstes Olivenöl
1 Tasse lauwarmes Wasser
2 Zwiebeln
1–2 EL Butter oder Margarine
1 große Dose Sauerkraut
1 Tasse Gemüsebrühe
Salz
Pfeffer aus der Mühle
1 Prise Kümmelpulver
200 g Doppelrahmfrischkäse
4 Eigelb
Instant-Haferflocken zum Binden
2–3 EL flüssige Butter
2–3 EL Sonnenblumenkerne

★ Das Mehl mit dem Salz, dem Olivenöl und dem Wasser zu einem Strudelteig verkneten, in eine vorgewärmte Schüssel geben und 60 Minuten ruhen lassen.

★ Die Zwiebeln schälen, hacken und in der erhitzten Butter oder Margarine glasig schwitzen.

★ Das Sauerkraut zerpflücken, dazugeben, die Brühe angießen, mit Salz, Pfeffer und Kümmelpulver würzen und das Sauerkraut 20 Minuten köcheln lassen.

★ Das Sauerkraut vom Herd nehmen und erkalten lassen, vorhandene Flüssigkeit abgießen, das Sauerkraut abtropfen lassen und in eine Schüssel geben.

★ Den Frischkäse zerbröckeln, mit den Eigelben zum Sauerkraut geben und verrühren. Nach Geschmack mit Instant-Haferflocken binden und nochmals abschmecken.

★ Den Strudelteig auf einer bemehlten Arbeitsfläche ausrollen, die Krautmasse darauf verteilen und den Strudel aufrollen.

★ Den Krautstrudel auf ein mit Backtrennpapier ausgelegtes Backblech setzen, mit der flüssigen Butter bestreichen und die Sonnenblumenkerne darauf streuen. Im auf 180–200 °C vorgeheizten Backofen 40–50 Minuten backen, herausnehmen, anrichten, ausgarnieren und servieren.

Krautfladen

Für 4 Personen:
250 g Weizenmehl
1/4 TL Salz
1 Prise Kümmelpulver
1/2 Päckchen Trockenhefe
1/8 l lauwarme Milch
2 EL flüssige Butter oder Margarine
250 g Sauerkraut
1/2 Tasse Gemüsebrühe
Salz
Pfeffer aus der Mühle
1 Prise Zucker
2–3 EL Milch zum Bestreichen
Kümmel, Anis, Fenchel oder Koriander zum Bestreuen

★ Das Mehl in eine Schüssel sieben, mit dem Salz, dem Kümmelpulver und der Trockenhefe vermischen, die lauwarme Milch und die flüssige Butter oder Margarine dazugeben und das Ganze zu einem Teig verarbeiten.

★ Den Teig schlagen, bis er Blasen wirft und zugedeckt an einem warmen Ort zur doppelten Menge aufgehen lassen, kurz durchkneten und erneut gehen lassen.

★ Das Sauerkraut mit der Brühe in einen Topf geben und zum Kochen bringen. Mit Salz, Pfeffer und Zucker abschmecken und 20–25 Minuten garen. Erneut abschmecken und erkalten lassen.

★ Den Hefeteig auf einer bemehlten Arbeitsfläche ausrollen, runde Taler von 10 cm Durchmesser ausstechen und jeweils 2–3 EL Sauerkraut in die Mitte füllen.

★ Den Teig über dem Sauerkraut zusammendrücken und die Fladen mit der „Naht“ nach unten auf ein mit Backtrennpapier ausgelegtes Backblech setzen.

★ Die Krautfladen mit Milch bestreichen, mit Kümmel, Anis, Fenchel oder Koriander bestreuen und im auf 180–200 °C vorgeheizten Backofen 30–35 Minuten backen. Aus dem Ofen nehmen und warm oder kalt servieren.

Krauttorte

Für 4 Personen:
100 g Speisequark
1 Ei
2 EL Pflanzenöl
150 g Weizenmehl
1 TL Backpulver
1/4 TL Salz
2 Zwiebeln
1–2 EL Butter oder Margarine
1 Dose Sauerkraut
1 Tasse Gemüsebrühe
1 Kartoffel
Salz, Pfeffer aus der Mühle
1 Prise Kümmelpulver
Butter oder Margarine für die Form
2 Äpfel
Saft von 1/2 Zitrone
1 Becher Crème fraîche
3 Eier
1 Bund Petersilie

★ Den Quark in eine Schüssel geben und mit dem Ei und dem Pflanzenöl glatt rühren.

★ Das Mehl mit dem Backpulver und dem Salz vermischen, über den Quark sieben und zu einem glatten Teig verkneten. In Frischhaltefolie wickeln und im Kühlschrank 30 Minuten ruhen lassen.

★ Die Zwiebeln schälen, hacken und in der erhitzten Butter oder Margarine glasig schwitzen. Das Sauerkraut dazugeben, die Gemüsebrühe angießen und das Sauerkraut 20 Minuten dünsten.

★ Kurz vor Garende die Kartoffel schälen, sehr fein reiben und das Kraut damit binden.

★ 5 Minuten kochen lassen, mit Salz, Pfeffer und Kümmel würzen, vom Herd nehmen und erkalten lassen. Noch vorhandene Flüssigkeit abgießen.

★ Den Teig auf einer bemehlten Arbeitsfläche ausrollen, eine ausgefettete, feuerfeste Form damit auslegen und einen Rand hochziehen.

★ Das Sauerkraut auf dem Teig verteilen. Die Äpfel schälen, entkernen, in Spalten schneiden, sofort mit Zitronensaft beträufeln und auf das Sauerkraut legen.

★ Die Crème fraîche mit den Eiern verquirlen, mit Salz, Pfeffer und Kümmelpulver würzen und die verlesene, gewaschene und fein gehackte Petersilie unterheben.

★ Über das Sauerkraut gießen und nach Geschmack einige Butterflöckchen darauf setzen.

★ Die Krauttorte im auf 200 °C vorgeheizten Backofen 45 Minuten backen, herausnehmen, anrichten, ausgarnieren und sofort servieren.

Gefülltes Brot

Für 4 Personen:

225 g Weizenmehl Type 405
150 g Weizenvollkornmehl
1 Päckchen Trockenhefe
1/2 TL Zucker
1 TL Salz
1/4 l lauwarme Milch
125 g durchwachsener, geräucherter Speck
1 große Zwiebel
200–250 g Sauerkraut
1/2 Tasse Gemüsebrühe
Salz
Pfeffer aus der Mühle
1 Prise Kümmelpulver
Mehl zum Ausrollen
2–3 EL Wasser
1–2 EL Fenchelsamen

★ Das Mehl mit der Trockenhefe, dem Zucker, dem Salz und der lauwarmen Milch in eine Schüssel geben und zu einem glatten Teig verarbeiten.

★ Den Teig so lange schlagen, bis er Blasen wirft, zudecken und an einem warmen Ort 30 Minuten gehen lassen.

★ Den Teig kurz durcharbeiten und erneut 30 Minuten gehen lassen.

★ Den Speck in feine Würfel schneiden und in einer trockenen Pfanne auslassen. Die geschälte, fein gehackte Zwiebel dazugeben und glasig schwitzen.

★ Das Sauerkraut zerpflücken, zum Speck geben, die Gemüsebrühe angießen und das Kraut 15–20 Minuten dünsten.

★ Mit Salz, Pfeffer und Kümmelpulver abschmecken und erkalten lassen. In ein Sieb geben und abtropfen lassen.

★ Portionsweise den Hefeteig kurz durchkneten, auf einer bemehlten Arbeitsfläche ausrollen und die Sauerkrautmischung darauf verteilen. Die Brote mit der „Naht" nach unten auf ein mit Backtrennpapier ausgelegtes Backblech setzen, mit Wasser bestreichen und mit Fenchelsamen bestreuen.

★ Den Backofen auf 180–200 °C vorheizen und die Brote darin 30–40 Minuten backen, dabei eine Schüssel mit heißem Wasser ins Backrohr stellen.

★ Die gefüllten Brote herausnehmen, vollständig erkalten lassen und servieren.

Bunter Krautkuchen

Für 4 Personen:
400 g Weizenmehl
1 Würfel Frischhefe
1 EL Zucker
1 Tasse lauwarmes Wasser
4–5 EL Olivenöl
Salz
Pfeffer aus der Mühle
2 Frühlingszwiebeln
2 rote Paprikaschoten
400 g Zuckermais (TK-Produkt)
200 g Sauerkraut
1 Becher Sahnedickmilch
2 Eier
1 Prise Muskat
1 Prise Cayennepfeffer
1 Tasse gemischte, gehackte Kräuter
Butter oder Margarine für das Blech

★ Das Weizenmehl in eine Schüssel sieben und die Hefe hineinbröckeln. Mit dem Zucker bestreuen und glatt rühren.

★ Das Wasser sowie das Olivenöl dazugeben, mit Salz und Pfeffer würzen und das Ganze zu einem glatten, kompakten Teig verarbeiten.

★ Schlagen, bis er Blasen wirft, und zugedeckt an einem warmen Ort 30 Minuten gehen lassen. Kurz durchkneten und erneut gehen lassen.

★ Die Frühlingszwiebeln putzen und in Ringe schneiden, die Paprikaschoten halbieren, entkernen, waschen, gut abtropfen lassen und in Streifen schneiden.

★ Den Zuckermais auftauen lassen und das Sauerkraut zerpflücken oder klein schneiden. Das Gemüse in einer Schüssel gut vermischen.

★ Die Sahnedickmilch mit den Eiern verschlagen, mit Salz, Pfeffer, Muskat und Cayennepfeffer würzen und die gehackten Kräuter unterziehen.

★ Den Hefeteig auf einer bemehlten Arbeitsfläche ausrollen, ein ausgefettetes Backblech damit auslegen und die Gemüsemischung darauf verteilen.

★ Die Eiermischung darüber gießen und den Krautkuchen in dem auf 180–200 °C vorgeheizten Backofen 30–40 Minuten backen.

★ Den bunten Krautkuchen herausnehmen, aufschneiden, anrichten, ausgarnieren und servieren.

Register

Die Schreibweise entspricht den Regeln der neuen deutschen Rechtschreibung.

ISBN 3-89755-578-6